Louis Peisse

Le Salon de 1841

Critique

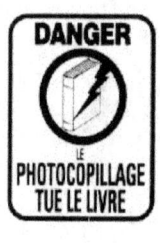
ISBN : 978-1984254450

10 9 8 7 6 5 4 3 2 1

Louis Peisse

Le Salon de 1841

Critique

Table de Matières

Le Salon de 1841

Le fait seul d'une exhibition annuelle et à jour fixe de deux à trois mille ouvrages d'art, tous exécutés par des artistes nationaux, est en soi si singulier, qu'avant même tout examen de la valeur de ces productions, il vaut la peine d'être remarqué. La France est en effet le seul pays où l'art se révèle dans de telles proportions, et c'est celui aussi où il affecte de préférence ce mode de manifestation. D'autres villes, Rome, Bruxelles, Londres, Munich, etc., ont quelque chose d'analogue, à nos salons ; mais quiconque a vu ces expositions a pu s'assurer de leur insignifiance. Le salon est une institution toute française. Elle a sans doute des racines dans les destinées de l'art en Europe et, sous ce rapport, elle n'est pas un phénomène isolé ; mais ces causes générales sont amené chez nous, par suite de certaines circonstances locales, des résultats qu'elles n'ont pas produits ailleurs, du moins d'une manière si tranchée.

La décadence de l'art, vu en grand, est un fait sur lequel on est assez généralement d'accord. C'est presque un lieu commun. On ne dispute guère que sur les causes, le degré et le caractère de cette décadence, et surtout sur les moyens d'y remédier. Nous n'agiterons pas ces questions. Il suffit à notre but d'énoncer, comme vérité historique démontrée, que, dès le milieu du XVIIe siècle ou même avant, les arts du dessin ont sensiblement décliné dans toute l'Europe civilisée. Cette déchéance est constatée de reste par l'infériorité relative de leurs produits. Mais cette infériorité se rattache elle-même à un autre phénomène moral dont elle n'est qu'un des effets immédiats, à savoir, l'affaiblissement graduel du sentiment esthétique dans les masses. L'art, en effet, n'est plus, comme en d'autres temps et d'autres lieux, un véritable besoin vital des peuples ; il n'a pas disparu sans doute, et ne saurait disparaître complètement, mais il a dès longtemps cessé de figurer en première ligne, comme fait social, dans l'existence des nations modernes. Lié par son essence non-seulement au sentiment religieux, mais encore à un ensemble de croyances déterminées, il ne saurait vivre et subsister hors de cette atmosphère. Diminuez ou altérez cette force interne dont il est l'instrument, aussitôt son action languit et se dérègle, comme celle d'un membre dont les communications avec le centre vital sont interrompues. Resté sans fonctions sociales précises, il est rejeté sur le second plan comme un brillant accessoire. Ce n'est plus un besoin, un instinct impérieux, mais un goût, un luxe, une habitude ; ce n'est plus cette langue universelle que tous entendent, mais un idiome savant réservé à quelques privilégiés. Les artistes, placés dans un milieu ingrat qui ne peut rien donner ni recevoir, s'agitent en efforts impuissants et stériles ; Les uns, ne trouvant autour d'eux aucun point d'appui dans l'esprit contemporain, se rejettent par désespoir dans le passé. L'art entre leurs mains fait des points dans toutes les directions, il essaie des restaurations, il se fait grec et païen, comme chez nous il y a quarante ans, gothique et catholique, comme aujourd'hui en Allemagne. Mais on sait que les restaurations ne réussissent pas. D'autres, moins préoccupés du but supérieur de l'art que de la pratique, renouvellent non plus des époques, mais des écoles ou mêmes des maîtres. Ils sont ou veulent être flamands, florentins, bolonais, vénitiens ; ils tâchent de ressembler à quelqu'un, à Rubens, à Corrège, à Rembrandt ; la plupart suivent le courant de la mode et du goût dominant, et se soumettent aux exigences de quelques systèmes littéraires, aux fantaisies d'un individu. Mais comme toutes ces routes ne conduisent à rien de grand, et comme d'ailleurs les facultés esthétiques tendent toujours à une expression plus haute et plus sincère, l'art, dégoûté de ces restaurations de toute pièce et de ces archaïsmes systématiques, se fait éclectique. Pour donner signe d'indépendance, il prend un peu partout, un peut de tout. N'osant plus choisir lui-même, de peur de se tromper, il donne à choisir au public ; il fait un assortiment de tous les goûts de toutes les manières, de toutes les idées, de tous les dieux et de tous les temps, persuadé probablement que, parmi tant de choses, doit nécessairement se trouver ce qu'on cherche et ce qu'on demande. C'est là à peu près, sauf erreur, ce qui a lieu en ce moment même. D'autres fois, et c'est ce que nous avons vu il y a peu, l'art parle de se réformer et de renaître. Il prétend rompre avec toutes les traditions et être neuf ; il se croit libre parce que, n'ayant pas de but, il n'a pas de route tracée. La littérature lui apporte bientôt ses subtilités ; on fait la théorie du désordre, on invente le système de *l'art pour l'art*. Mais on est tout surpris de vois ce fracas révolutionnaire n'aboutir qu'à des combinaisons déjà épuisées ou à des extravagances préméditées les plus insupportables de toutes. Telles sont les phases successives ou simultanées depuis quelques cent ans. C'est l'ensemble de toutes ces choses qu'on appelle une décadence.

Tout cela est bien connu, et si connu même, qu'il eût été assurément plus qu'inutile de reproduire ici ces lieux-communs de critique, si nous ne trouvions dans ces faits même l'origine et la cause de la constitution actuelle de l'art, considéré non plus dans son essence pure, mais dans les modes extérieurs de sa réalisation, dans ses conditions matérielles d'existence, comme profession et production, conditions dont la plus caractéristique est précisément le salon.

C'est ce qu'il importe de fait voir en peu de mots.

Aussi longtemps que l'art est lié par une sorte de solidarité aux sentiments généreux d'un peuple, auxiliaire du sacerdoce, instrument du culte, forme populaire des dogmes religieux et nationaux, et organe de la morale, il vit et subsiste par sa propre force. Répandu et comme infusé dans tout le corps social, il ne s'en distingue point en fait, puisqu'il n'en est qu'une des grandes fonctions ; et, à ce titre, son action est à la fois générale et incessante. De là cette fécondité inouïe qui étonne tant nos époque appauvries. Destiné à satisfaire des besoins impérieux et universels, il ne se lasse pas de produire. Il élève, comme en se jouant, des montagnes de pierre et de marbre sous les noms de temples, d'églises, de basiliques ; il façonne des masses énormes de matière en péristyles, portiques, théâtres, colonnes, chapelles, cloîtres, tombeaux, portes, chaires, auteurs ; il peuple ces édifices sans nombre de millions de statues, et tapisse leurs murs de peintures et de bas-reliefs ; il revêt leurs voûtes et leurs pavés de magnifiques couleurs, de riches dorures, de pierres étincelantes, et, semblable à la nature elle-même dans la prodigalité de ses œuvres, il paraît aussi, comme elle, agir spontanément, sans effort, et nous dérobe le secret de ses moyens.

A ces époques, la condition des artistes ne diffère guère de celle -des autres artisans Leurs œuvres, peu récompensées, servent moins à leur propre gloire qu'à celle de ceux qui les ordonnent et les paient. Toujours mêlés et souvent confondus avec la masse des travailleurs, ils ne forment pas une classe à part. La société se sert d'eux comme elle se sert de tous les autres, parce qu'elle en a besoin Leur nombre s'accroît ou diminue suivant les variations de ce besoin, et leur profession est, sous le point de vue économique et social, soumise aux conditions d'existence de toutes les autres. On les voit se porter et affluer là ou leurs produits sont demandes, se retirer, et disparaître dans les circonstances opposées. Voilà pour les hommes.

Quant aux œuvres même, elles se distribuent dans tous les sens et vont se placer là où les besoins les réclament. Aucune œuvre d'art n'est, dans ces temps, un simple produit de la fantaisie individuelle ; aucune n'a son but dernier en elle-même, ni une valeur propre et intrinsèque. Chacune au contraire a une destination déterminée, un but extérieur dont elle n'est que le moyen. Ce n'est pas à proprement à titre d'art et par sa seule vertu esthétique que l'art règne si souverainement et si universellement, mais comme expression des idées et des sentiments dont il est le véhicule ; car ce sont les objets représentés, et non les représentations, qui attirent, charment et subjuguent l'imagination des peuples. Il suit de là que l'art alors n'a pas proprement de *lieu*, de demeure ; il est partout et nulle part. Il n'a pas besoin d'un théâtre où il vienne se donner lui-même en spectacle sous son nom et à titre de phénomène exceptionnel. Il est dans les temples, sur les places, dans les palais publics, sur les chemins, et non ailleurs. Ce n'est pas encore le temps des musées, et encore moins des salons.

Toutes ces choses n'apparaissent en effet dans l'histoire de l'art qu'aux époques de sa décadence et la signalent. Dès cet instant, tout se passe dans un ordre inverse. Les représentations plastiques cessant d'être un impérieux besoin de la vie spirituelle, l'art perd peu à peu son but, et, avec son but, sa nécessité sociale. Ses œuvres demeurent sans destination, et le principe esthétique, ne trouvant plus de quoi se nourrir, s'énerve, se rapetisse, s'altère, et disperse son activité au hasard. Il devient peu à peu muet, parce que les générations deviennent sourdes et indifférentes. Dès-lors il se retire par degrés de la scène publique et tend de plus en plus à s'isoler. Ne pouvant plus s'adresser à tous, il ne s'adresse qu'à quelques-uns. Incapable désormais d'enseigner, de moraliser, de prêcher les masses, il se résigne à amuser certaines classes d'élite Ce n'est plus une branche du sacerdoce, un élément de la vie commune, mais un noble divertissement, un simple raffinement moral destiné aux plaisirs intellectuels de quelques esprits choisis et exercés. il se cache d'abord dans les palais des grands, où il n'est guère qu'un fastueux mobilier ; puis des palais des grands, il vient enfin se réfugier dans les *musées*, derniers asiles bâtis tout exprès pour lui, pour abriter sa languissante existence Réduit à cet état, l'art touche de près, sous le rapport matériel, ces industries dites de *luxe* qui, ne pouvant se soutenir par elles-mêmes, ont besoin des secours de l'état car, dans cette phase de son existence, il n'y a déjà plus de Mécènes. Il a besoin alors d'être *protégé ; encouragé*, et par suite *administré*. Aussi le voit-on, à la lettre, figurer au nombre des *services publics*, et, à ce titre, il a un *budget*, des *bureaux* et le reste.

Telle est la situation où nous voyons aujourd'hui l'art dans tous les pays de l'Europe, sauf peut-être l'Italie, où il s'est maintenu, quoique à un degré excessivement affaibli, dans ses anciennes habitudes. Mais nulle part ce système ne s'est développé sur une aussi grande échelle qu'en France. On en trouve aisément la cause dans la centralisation de la capitale, où tout se rend et d'où tout part, dans les habitudes imprimées par les règnes fastueux et absolus de Louis XIV et de Napoléon, qui ont fortement concentré l'autorité, administrative et accoutumé la nation à laisser au gouvernement le soin de ses affaires et même de ses plaisirs, enfin surtout dans l'influence de l'esprit français qui aime le mouvement et l'éclat extérieurs, et qui, depuis le grand siècle, s'est habitué à considérer l'empire des arts comme une branche de l'empire des lettres et peut-être celui des modes.

C'est donc l'état qui fait aujourd'hui les frais de l'art ; car qui, sinon lui, pourrait ou voudrait acheter des œuvres qui dépassent les besoins, d'un guéridon ou d'une cheminée ? Les banquiers ne sauraient, sous ce rapport, remplacer les grands seigneurs. Toute la production est exclusivement concentrée à Paris. La province ne sait rien de l'art ; elle n'en a jamais même, entendu parler, et, sauf quelques peintres de portraits nomades, la profession d'artiste y est impossible. Les départements reçoivent de Paris tout ce qu'ils possèdent, et le déposent silencieusement, et sans y regarder, dans leurs petits musées, fait à l'initiation des grands musés de Paris.

C'est en effet dans ces galeries, au nombre d'une quinzaine, que vont honorablement s'ensevelir la plupart des ouvrages achetés par la liste civile ou par les ministères. D'autres vont, dans quelques églises de chefs-lieux, témoigner de la haute influence et du zèle du député de l'endroit.

Mais, pour acheter ces produits de l'art, il faut les connaître et les voir ; pour activer la production même, il faut stimuler l'émulation des artistes et leur présenter l'attrait des applaudissements, de la gloire, ou du bruit, qui y ressemble tant ; de là l'institution des expositions publiques, des salons. Les salons ne sont donc un usage arbitraire et fortuit d'un temps et d'une nation, mais des résultats nécessaires du rôle de l'art dans la société. Les salons sont des musées temporaires destinés à approvisionner les musées permanents, et les musées permanents sont des magasins d'objets d'art rassemblés de tous côtés, sans autre but que de les préserver de la destruction, et où quelques esprits cultivés vont faire des études d'esthétique et d'archéologie Les salons ressemblent un peu aussi, économiquement parlant, à des bazars ou à des foires. Ils sont surtout une scène où l'art vient donner preuve d'existence et se faire voir. Le salon enfin est la chose et le mot le plus forts de ce temps-ci, la *publicité*.

Si tel est le caractère de nos expositions, il ne faut pas trop nous vanter de ces deux à trois mille morceaux envoyés tous les ans à la masse commune. Comme *quantité* même, cette production n'a rien qui doive surprendre, Si l'on réfléchit qu'elle représente à peu près tout le travail annuel d'une grande nation, et qu'en outre la moitié et plus de ces ouvrages éphémères sont matériellement et esthétique de très peu d'importance. Il ne faut pas oublier surtout que tout cela s'est fait dans cette grande manufacture de Paris, par un travail hâtif, forcé, et en assez grande partie en vue de l'exhibition même. C'est là ce qui explique pourquoi le chiffre varie si peu d'une année à l'autre, et comment la livraison se fait avec la régularité d'une commande. Ce chiffre ne prouve donc, rien en faveur de la prospérité de l'art, et même il prouve contre, car la moitié de ces ouvrages demeurant certainement sans emploi, la production dépasse de beaucoup la consommation, ce qui est contre toutes les règle de l'économie politique.

Les conséquences de cet ordre de choses sur le travail des artistes sont faciles à prévoir. Leurs ouvrages n'ayant désormais plus guère d'autre destination que d'être exposés d'abord et puis vendus, le choix du sujet et même le mode d'exécution sont en général déterminés par ces deux circonstances. Ainsi, suivant le cas, on se décide indifféremment pour le Christ ou pour Jupiter, pour Vénus ou pour la Vierge, pour saint Pierre ou pour Napoléon, pour le moyen-âge, la Grèce, Rome ou la régence. Tout est bon, pourvu que la dimension et certaines convenances de style soient dans les conditions de qu'on appelle la *grande peinture* la seule qui soit protégée. Quant au mode d'exécution, il est presque exclusivement subordonné à l'*effet* présumé de l'ouvrage au salon, et non aux conditions intrinsèques du sujet, de sa destination ultérieure, de sa perfection absolue comme œuvre d'art. Les exposants expérimentés le savent bien. Il faut absolument au salon attirer les yeux distraits de la foule, et leur faire violence. C'est là la préoccupation première de la plupart des peintres, qui sacrifient tout à ce but. Or, ce but n'est pas le meilleur ; il engendre l'habitude de pratiques paresseuses, factices, superficielles, il pousse à la recherche des singularités, des effets imprévus, des exagérations systématiques, des extrêmes dans tous les genres. La popularité fait ici, comme ailleurs, bien des victimes.

Quant à la condition sociale des artistes, elle a subi aussi des changements. Ne travaillant plus aussi directement pour la société dans l'intérêt de ses besoins, ils ne sont plus avec elle dans un rapport aussi immédiat. L'art étant de nos jours une sorte de superfétation, leur destinée est précaire, et même, à un certain degré, toute factice. De serviteurs du public, ils sont devenus les clients du gouvernement. Leur existence, comme classe, dépend en fait du budget. C'est là le fonds social et commun qu'ils se partagent chaque année, aussi équitablement que possible. Il s'est établi ainsi entre les artistes et l'état une sorte de contrat tacite par lequel celui-ci s'engage à acheter ce que ceux-là sont tenus de produire. Et ce qui est pour le gouvernement un devoir est pour les artistes un droit. Ils réclament l'*encouragement*, c'est-à-dire des commandes, comme le paiement d'une créance ; et l'état est moins pour eux un protectorat qu'un débiteur. Le jour du salon est l'époque de l'échéance. Le gouvernement, de son côté, n'achète guère que pour acheter, c'est-à-dire pour épuiser son allocation ; car, dans ce singulier système, le choix des travaux est à peu près indifférent. Ici, en effet, on ne choisit pas l'ouvrier en vue de l'œuvre à faire, mais au contraire l'œuvre en vue de l'ouvrier. L'essentiel est que les artistes travaillent, et dès-lors il est naturel que la distribution tende à se faire plutôt d'après les besoins des personnes que d'après le mérite des ouvrages, et que les moins habiles, par conséquent, soient précisément les plus encouragés, parce qu'ils sont les plus malheureux. Nous voyons donc se produire ici les inconvénients du système projecteur.[1]

Telle est, si nous ne nous trompons infiniment, la situation de l'art et des artistes à notre époque, et telle est la véritable origine et la signification de nos expositions périodiques que nous appelons des salons.

Cette situation n'est pas satisfaisante ; mais, comme elle n'est imputable à personne, il faut se borner à la constater historiquement. Nos conclusions seront donc tout-à-fait pacifiques et conservatrices. L'organisation actuelle de l'art n'étant que le résultat et non la cause de sa décadence en général, ce serait une grande illusion d'imaginer qu'on regagnerait ce qu'on a perdu en supprimant ce qui existe. Otez le salon et tout ce qui s'y rattache, et à l'instant tout mouvement est anéanti dans les hautes régions de l'art. C'en est fait de la haute peinture historique et de la statuaire. Regrettons, déplorons que l'art au besoin d'être protégé, mais ne nous plaignons pas de la protection même, car la protection est en soi un grand fait. Félicitons-nous plutôt de voir cette protection, si indécise et si faible ailleurs, prendre en France le caractère et l'importance d'un devoir public, et figurer en tête des privilèges et prérogatives honorifiques de la couronne et du gouvernement. En France, les droits de l'esprit ont toujours été les premiers ; c'est de l'esprit que relève notre influence universelle. Nous sommes la nation littéraire par excellence, et le goût de l'art est chez nous un reflet du goût des lettres ; ce n'est ni une passion ni un culte, mais une heureuse disposition de l'esprit tournée en habitude ; nous n'adorons plus l'art, mais nous le fêtons encore. C'est une parure éclatante, qui nous fait distinguer de loin au milieu de la société européenne.

---

1 Comme pièce à l'appui, nous, joindrons ici quelques détails statistiques. Sur 108 tableaux plus ou moins dignes de l'épithète d'*historiques*, 54, c'est-à-dire la moitié, sont déjà achetés par la liste civile, les ministres ou la ville de Paris. Parmi les 54 restants, un bon nombre, le tiers peut-être, n'ont été entrepris que sur des espérances équivalentes à des promesses. Parmi les 40 autres, il est remarquable que la plupart sont des sujets de piété qui ne conviennent qu'à des églises, et en conséquence se recommandent directement à l'attention du ministre de l'intérieur. Ceux enfin qui paraissent ne pouvoir pas compter sur les caisses publiques n'offrent guère que des toiles de très petite dimension et des sujets anecdotiques. Ce sont de vrais tableaux de genre. Ajoutons que sur 2,000 ouvrages de peinture il y a 500 portraits (un quart du tout), sans compter les miniatures, qui porteraient ce nombre à 600 au moins.

N'abdiquons pas cette puissance comme nous avons fait tant d'autres. Ce n'est peut-être qu'une couronne de bois doré, mais elle est partout obéie et enviée. N'oublions pas qu'au milieu de l'immense mouvement d'activité matérielle qui entraîne et domine le monde, la France seule, fidèle à sa mission sociale, soutient et cultive ces doutes et nobles fleurs de l'esprit et du goût sur lesquelles une civilisation sauvage semble vouloir faire passer sa charrue. Sans doute son sceptre politique, le sceptre de Louis XIV, de la république et de Napoléon, n'est pas brisé, comme de sinistres prophéties l'annoncent ; mais, s'il était dans ses destinées de succomber, elle tomberait comme, sont tombés les deux plis grands peuples de l'antiquité, comme Rome et la Grèce, en laissant aux vaincus, comme dernier joug, ses codes, ses arts et son esprit.

Adoptons donc sous quelque forme qu'elle se produise, et même sous celle des salons, cette royauté de l'intelligence. Ne déclamons pas contre ces *inutilités*, car c'est précisément dans le goût et le besoin de l'inutile qu'est la noblesse et la distinction de l'espèce humaine. Agrandissons notre pouvoir matériel sur la nature, mais en exploitant ce monde physique ne perdons pas de vue le monde moral, dont la culture donne des produits bien plus précieux et plus relevés, et qui surpasse infiniment l'autre en dignité et en beauté. L'art est une des plus nobles parties de ce monde. Il peut s'affaiblir et décroître par suite d'une loi supérieure et universelle ; mais la décadence n'est pas la mort. L'art est éternel comme les facultés même dont il dérive. S'il n'atteint son *summum* de grandeur, d'autorité et d'excellence que dans quelques rares moments et sous certaines conditions sociales et religieuses, il ne dépend pas absolument de ces conditions. Avant d'être héroïque et démocratique, l'art est humain. Il est un mode essentiel de toute action humaine. Dans tout ce que fait l'homme, il y a nécessairement de l'art. Le vrai caractère spécifique de l'homme, le signe distinctif et infaillible qui le sépare de la bête, que les naturalistes cherchent encore si inutilement dans la forme de ses dents et dans la disposition de son pouce, c'est l'art. En effet les produits de l'industrie animale sont absolument déflués, de toute signification esthétique. Tout y est exclusivement subordonné à leur usage comme moyen de satisfaction d'un besoin matériel ; ils sont partout et toujours adéquatement proportionnés au but à atteindre, et ce but est uniquement dirigé vers la stricte utilité. Ils n'ont d'autres propriétés que celles qui dérivent immédiatement de leur destination. Les produits de l'industrie humaine, au contraire, portent tous la marque de l'art. On y trouve toujours quelque chose de surajouté qui dépasse les rigoureuses conditions de leur destination et la limite du strict nécessaire. Rien ne sort des mains de l'homme qui n'ait, à quelque degré, une intention et un but esthétiques. Le fait est sans exception. Il se révèle jusque dans la massue et le vase de bois du sauvage, jusque dans les produits des plus vulgaires et des plus triviales industries. Et cette loi est si absolue, qu'elle fournit une définition de l'homme préférable à toutes celles qui ont été données par les philosophes, et même la seule rigoureuse, c'est celle-ci : *L'homme est un animal esthétique.*

Ainsi donc, même aux époques les plus déshéritées sous ce rapport, l'art a toujours une carrière ouverte. Quelque restreint que soit son rôle, se réduisît-il, comme on l'a vu chez les Hollandais, à poétiser les champs et les détails de la vie domestique, son intervention est toujours bonne ; elle est toujours essentiellement civilisatrice, et, qu'on nous passe le terme, humanisante. Elle s'adresse aux côtés les plus nobles et les plus délicats de notre nature, et partout où elle se manifeste, elle est à la fois le signe et l'instrument d'un haut développement intellectuel et moral. Les peuples qui méprisent l'art seront toujours, quelle que soit leur puissance matérielle, inférieurs, comme famille humaine, à ceux qui l'honorent et le cultivent. Les gouvernements qui l'encouragent et le patronnent font une œuvre noble et méritoire, et les gouvernements qui, abusés par des vues exclusives de bien-être matériel, le négligent ou le repoussent, ne sont, qu'ils le sachent ou l'ignorent, que d'aveugles promoteurs d'une barbarie déguisée.

Il est grandement temps de mettre fin à ces préambules, et de visiter le salon au lieu de perdre notre temps à en faire la théorie. Mais nous sommes encore arrêté à la porte même par une question préalable que la critique et les artistes y rencontrent inévitablement, la question du jury. Cette année, l'orage n'a pas été aussi fort que les années précédentes, et tout s'est passé assez pacifiquement. Nous n'avons que peu de mots à dire. L'institution de ce jury d'admission ou plutôt d'exclusion est mauvaise, parce qu'elle ne peut fonctionner équitablement. La faute n'en est pas aux hommes ; nous les supposerons, pour la commodité de la discussion, honnêtes jusqu'au scrupule, exempts de passions et de préjugés, illuminés de toutes les clartés possibles. Avec tout cela, leur tâche n'est pas seulement difficile, elle est impossible. De quoi les charge-t-on en effet ? de décider que tel ou tel ouvrage est bon ou mauvais, considéré absolument et abstraitement en lui-même comme production de l'art ? pas du tout. La besogne serait certes déjà, à ce point, fort épineuse ; mais on leur demande une chose bien autrement subtile : on veut qu'ils tracent, au milieu d'une masse d'ouvrages d'esprit et d'imagination, dont le goût, la manière, la conception, l'exécution, diffèrent de toutes les manières dont de pareilles choses peuvent différer, c'est-à-dire à l'infini, une ligne de séparation telle que tout ce qui sera placé à gauche est rejeté, et tout ce qui sera placé à droite admis. Mais pour établir ces deux catégories, il faudrait une règle certaine, une mesure fixe. Or, cette règle et cette mesure, où les prendre ? Assurément, il ne faudrait rien moins que la souveraine perspicacité de Dieu même pour faire ce partage exact des élus et des réprouvés. Où commence-t-il, ou finit-il, ce degré relatif de perfection ou d'imperfection qui permet à celui-ci d'entrer et laisse celui-là à la porte ? A quoi reconnaître, comment déterminer ce *minimum* de mérite qui suffit, et ce *maximum* de mérite qui ne suffit pas ? Evidemment, rien de tout cela n'est assignable, et nous sommes ici en plein arbitraire. Et ce que la raison conçoit devoir être *à priori*, se réalise dans le fait. Chaque année voit se renouveler le scandale d'exclusions dont le ridicule n'est surpassé que par celui des admissions ; et, ce qui est plus édifiant encore, on voit des ouvrages rejetés, faute d'attention, à l'unanimité en 1840, être acceptés, faute de mémoire, à l'unanimité en 1841. c'est là, en définitive, une sorte de loterie, et non un jugement régulier. Sur ce point, une réforme quelconque est indispensable. Les décisions fussent-elles toujours justes, leur équité ne saurait jamais être prouvée ; elles seront toujours et nécessairement empreintes d'arbitraire, et par conséquent frappées de nullité et de déconsidération. Mais dit-on, par quoi les remplacer ? Par rien. Puisque ce salon est un concours, ouvrez la porte aux concurrents, et n'anticipez pas sur le jugement du public, qui est le vrai juge. L'axiome économique est ici applicable de tous points : *laissez faire, laissez passer*. Vous aurez de plus quelques centaines de mauvais tableaux, mais vous en gagnerez une vingtaine de passables ; quel inconvénient y aura-t-il à cela ? La proportion restera ce qu'elle est, et il n'y aura rien de changé dans l'aspect du salon. – Mais l'encombrement ? – Le Louvre est vaste, il peut contenir le double de ce que vous y entassez chaque année. Tout le monde l'a dit, il ne faut aux œuvres de nos artistes d'autre certificat qu'un certificat de bonne vie et mœurs. Or, pour rejeter des obscénités, s'il s'en présentait, ou des satires interdites par les convenances ou par les lois, on trouvera facilement un tribunal, et un tribunal infaillible. Mais, pour cet impraticable triage du bon et du mauvais grain, il n'y a pas de jury qui puisse s'en tirer avec honneur et succès. Aussi est-il présumable que, l'institution ne pouvant satisfaire les hommes, les hommes finiront par manquer à l'institution, et qu'il n'y aura plus de jury faute de jurés.

Mais il y a quelqu'un de plus embarrassé encore que le jury, c'est la critique. Elle aussi a à prononcer des décisions, à faire des parts. Elle aussi n'est guère en faveur auprès des artistes, qui ne lui accordent d'autre droit que celui de les louer. La première question à vider avec eux serait celle de la compétence. Nous la laisserons indécise, car elle n'est qu'un épisode de la grande et interminable querelle des théoriciens et des praticiens. Heureusement les décisions de la critique ne sont pas des arrêts, ses sentences sont toujours révocables, elle dépèce abstraitement le talent de l'artiste, mais elle ne porte pas la main sur sa toile ou sur son marbre. Elle parle beaucoup, mais ne touche à rien.

Toutes ces différences nous font, à l'égard des artistes et du public, une position bien plus supportable que celle du jury, et nous permettent d'entreprendre, sans trop d'émoi, notre excursion dans les galeries.

PEINTURE. — *Tableaux d'histoire.* -.Parmi les peintures, qui décorent le salon carré, il en est deux qui se disputent l'attention : la *Prise de Constantinople* par les croisés de M. Delacroix, et *l'Abdication de Charles-Quint* de M. Gallait. Toutes deux le méritent, à des titres différents et inégaux L'une intéresse surtout la foule, l'autre les artistes.

Ce qui distingue et spécifie éminemment, la peinture de M. Delacroix, c'est la prédominance exclusive de l'élément pittoresque. Il conçoit tout, il voit et rend tout avec des yeux de peintre et pour des yeux de peintre. Tout, dans la conception et l'exécution de ses œuvres, est subordonné à l'effet de la peinture, comme telle, et abstraction faite des objets représentés. Il veut moins représenter un fait, exprimer une idée, que peindre une toile. Le sujet est pour lui moins un but qu'un prétexte. Et c'est ce qui déroute si fort le public, qui, ne comprenant et ne jugeant un tableau que du point de vue littéraire, veut avant tout y trouver ce qu'il cherche dans un roman ou un poème, une signification dramatique ou historique. Tout cela se rencontre en effet dans de très grands maîtres de tous les temps. Les peintres de cette classe, Poussin, par exemple, qui en est le type, sont généralement goûtés, parce que leur talent est susceptible d'analyse et que la beauté de leurs œuvres est, jusqu'à un certain point, scientifiquement explicable et démontrable. Mais ces conditions littéraires ne sont pas nécessairement des conditions pittoresques, et l'excellence, la perfection propre de l'art en dépendent si peu, qu'il n'est pas du tout rare de les rencontrer suffisamment observées dans des ouvrages d'un rang secondaire, et qu'elles peuvent manquer presque complètement dans des œuvres d'une grande valeur. M. Delacroix en offre un exemple. Il y a donc dans la peinture, considérée absolument en soi, des propriétés spéciales qui valent par elles-mêmes ; mais, à cause de leur spécialité même, ces propriétés demeurent inaperçues au plus grand nombre, car, pour les sentir, il faut une sorte d'éducation particulière des sens et du goût. Aussi sont-elles souvent méconnues là même où elles brillent avec le plus d'éclat et de puissance, sans qu'on puisse faute d'une langue commune, les expliquer et démontrer à ceux qui les nient.

Ainsi, la peinture de M. Delacroix n'a guère besoin d'apologie auprès de artistes. Ils sentent bien à peu près tous qu'il n'est pas 'aisé de faire ce qu'il fait, et d'arriver où il arrive ; mais, pour le public, c'est bien différent, car ses *défauts* sont évidents ; et, pour ainsi dire, élémentaires ; Il ne faut pas une pénétration extraordinaire pour découvrir que dans sa *Prise de Constantinople* l'action est en partie obscure, en partie insignifiante, que la composition, est maigre et manque d'unité, que les figures y sont jetées comme au hasard, qu'il y a dans le costume plus de caprice que de vérité historique.

On peut ajouter, avec la même confiance, que le style n'en est guère élevé, et que la beauté des formes n'est pas certes ce qui y domine. Il est permis d'y blâmer aussi ce goût de draperies contournées, cette pantomime guindée et un certain fatras pittoresque. Avec la moindre érudition en ce genre, on trouverait aisément la source de tout cela dans les traditions des derniers maîtres de l'école italienne, dont Pietro de Cortone fut le guide ; traditions qui vinrent se perpétuer, en dégénérant de plus en plus, parmi les peintres à fracas de la queue de l'école de Lebrun, les Detroy, les Natoire, les Coypel, etc. Assurément on pourrait mieux choisir les modèles et s'inspirer d'un meilleur goût. Cependant, quand on aura établi cette formidable batterie d'objections, on n'en sera pas plus avancé ; car on tire en l'air. On n'aura pas atteint, on n'aura pas détruit les seules choses qui constituent l'essence même des peintures de M. Delacroix, ce par quoi elles se distinguent de toutes les autres en les surpassant. Mais ces qualités qui dispensent de tant d'autres, où sont-elles ? On est convenu de dire qu'elles sont dans le coloris. Il y a bien des choses dans ce mot coloris ; et appliqué littéralement à M. Delacroix, il est loin d'être exact, car sa couleur n'a ni l'éclat, ni la vigueur, ni le brillant qu'on remarque dans bien des peintures anciennes et modernes, d'ailleurs parfaitement insignifiantes. Sous ce rapport, il reste à grande distance de quelques coloristes, tels que P. Véronèse et Rubens ; mais il se rapproche beaucoup des plus habiles, sans leur ressembler toutefois, dans ce qu'on pourrait appeler l'imagination de la couleur, par la finesse des teintes, par le jeu harmonieux de la lumière, par la franchise et la vérité du ton. J'entends dire, et ce n'est probablement l'éloge qu'on veut faire, que tout cela n'est que du matériel, un travail de main. Assurément, c'est la main qui le fait, mais il y a peu de ces mains-là. Avant la main et avec la main, il y a l'esprit, le sentiment de l'artiste. Il y a de l'invention, de la poésie, du génie dans la couleur comme dans toutes les autres parties de l'art. Les grands coloristes se compteraient-ils, par hasard, par centaines ? L'effet s'adresse à l'œil sans doute, mais il va cependant un peu plus loin, car tous les yeux sont loin de le sentir et d'en jouir également, et même la plupart s'en détournent. Le goût, le sens esthétique, ont donc ici leur part d'action et, si le coup porte plus spécialement sur la sensibilité, ce n'est jamais, en définitive, sans l'intermédiaire de l'intelligence.

C'est une habitude assez générale, quand on a loué la couleur de M. Delacroix, de censurer son dessin. Il semble, en effet, qu'en joignant les deux choses on aurait la perfection. Ce reproche a besoin d'âtre expliqué, parce qu'il peut avoir un sens vrai ou un sens faux. Si, partant de théories conventionnelles ou de certaines habitudes d'esprit, on associe à cette idée de dessin le souvenir de quelque école ou de quelque maître, l'antique, Michel-Ange, David, il est évident que le reproche porte faux. Il est absurde, en effet, d'exiger, avec le bon de Piles, du peintre ; parfait la *couleur* du Titien, le *dessin* de Raphaël, la *composition* du Poussin, le *clair obscur* du Corrège, etc. Ces distinctions scolastiques, par lesquelles on veut séparer des choses inséparables, sont de pures abstractions. Aucun de ces éléments ne va seul chez aucun de ces maîtres, car il a besoin de tous les autres. Rubens est, en fait, un des plus grands dessinateurs qui aient existé, le Corrège également ; Raphaël et le Poussin étaient des coloristes, et des plus habiles. Mais le dessin de celui-ci n'est pas le dessin de celui-là, la couleur de l'un n'est pas la couleur de l'autre. Chacun d'eux a une couleur convenable à son dessin et un dessin convenable à sa couleur, et de même des autres qualités. Chacun compose, dessine, peint, et se sert de la lumière d'une façon supérieur, mais diverse. Seulement, il y a toujours une de ces choses qui semble prédominer et absorbe les autres à son profit et dans son intérêt ; et devenant dès-lors la plus apparente, elle classe le peintre. L'art, en effet, ne peut réaliser énergiquement et mettre en saillie qu'un de ces éléments à la fois ; il faut qu'il prenne parti. Mais loin d'annuler complètement ceux qu'il sacrifie, il leur laisse encore une assez grande valeur relative. Un seul sera dominant, mais les autres ne disparaîtront point. Exiger la combinaison de ces qualités à part égale et dans un degré éminent, ce serait réclamer de l'art ce que la nature seule peut faire, la réunion des contraires et la neutralisation des oppositions ; comme si on voulait, par exemple, appliquer le coloris de Rubens au dessin de Michel-Ange, ou éclairer à la Rembrandt une composition de Poussin. On peut, sans doute, préférer un de ces éléments aux autres, et il y a même de très puissants motifs et regarder la couleur comme un des moins relevés ; mais il ne faut pas vouloir qu'ils règnent tous en même temps. Il ne faut pas davantage imaginer qu'un seul, quelque éminent qu'il soit, puisse subsister à part et se passer de tout le reste.

Ainsi, pour ne pas quitter M. Delacroix, lui demander la pureté et la précision du contour, la science du modelé et l'idéal de la forme pure, la grandeur du style, l'élévation de la pensée morale, en prenant pour type de toutes ces choses une école quelconque, ce serait lui demander un non-sens, une contradiction, une impossibilité esthétique. Or, c'est là ce qu'on fait tous les jours, lorsque, en déplorant son dessin, on lui oppose M. Ingres.

Mais si, sous cette forme, l'objection porte à faux, elle devient à la fois très raisonnable et très grave lorsque, tout en acceptant M. Delacroix pour coloriste, et en lui accordant tout ce qu'il a droit d'exiger à ce titre, on lui reproche d'aller au-delà ou de rester en-deçà des besoins de sa couleur, de ne pas savoir être un coloriste complet, comme Rubens, comme Titien, comme tant d'autres, qui sont des, coloristes sans doute, mais qui sont aussi des dessinateurs, des peintres. Voilà, en effet, ce qu'on peut reprendre en M. Delacroix Il a de rares qualités de coloriste, mais comme peintre, en général, il lui manque bien des choses qu'on résume sous le mot dessin, et ces choses sont très essentielles. Ce qui reviendrait à peu près à dire qu'il faut voir en lui un grand talent, mais non un grand maître.

On pourra aussi s'étonner justement de trouver dans un artiste si distingué quelques écarts systématiques injustifiables, par exemple, son évidente prédilection pour le laid. Il ne flatte pas assurément notre espèce dans la représentation qu'il en fait, et il nous rapproche un peu trop de l'ordre des quadrumanes. La résolution d'être original en tout, de ne rien faire qui ressemble à ce que d'autres font ou ont fait, peut aisément conduire un homme d'esprit fort loin. Ainsi, on nous persuaderait difficilement qu'il soit indispensable, dans quelque système de peinture que ce soit, de négliger à ce point l'exécution du détail des choses ; que, regardées de près, elles ne laissent voir qu'un travail ingrat, maladroit, négligé, sans goût et sans charme. Ce qu'il y a de certain, c'est que parmi les bons maîtres de l'art, même du second ordre, coloristes ou autres, il n'en est pas un dont la peinture ne puisse être impunément vue de près. Celle de M. Delacroix n'a pas ce privilège.

Quoi qu'il en soit de la valeur de ces critiques, dont nous acceptons du reste volontiers la responsabilité, il ne faut jas les exagérer.

Prenons l'artiste tel qu'il veut où peut être, et, sans nous enquérir trop curieusement de ce qu'il ne nous donne pas, jouissons de ce qu'il nous donne, quoique ce qu'il nous donne ne soit pas le meilleur de l'art.

Nous retrouverons plus loin M Delacroix avec sa *Noce juive* et son *Naufrage*.

Nous serons plus court, sur l'œuvre de M. Gallait, qui se laisse beaucoup plus facilement expliquer, et sur laquelle il ne peut y avoir de disputes. *L'Abdication de Charles-Quint* est en grand ce qu'est en petit le *Gustave Wasa* de M. Hersent, qui eut les honneurs d'un salon et d'une belle gravure. Le tableau de M. Gallait aurait pu avoir la même fortune, et à peu près par les mêmes motifs. Il est composé et exécuté avec beaucoup de soin, d'étude et d'habileté. La scène est disposée à souhait pur l'intelligence du fait représenté. La distribution des personnages est très bien entendue et explique d'elle-même ce qu'ils font, sinon ce qu'ils disent ou pensent. Sur une estrade élevée, sur laquelle porte toute la lumière, on voit Charles-Quint debout revêtu d'une longue simarre de drap d'or ; appuyant une de ses mains sur l'épaule d'un courtisan, il tient l'autre étendue sur la tête de son fils Philippe agenouillé devant lui ; un peu en arrière, la vieille reine douairière, assise sur un fauteuil royal, paraît présider la cérémonie. Autour de ces principales figures, placées au centre, se rangent circulairement les ordres de l'état et la foule des courtisans. Aussi habilement, peinte qu'habilement conçue, cette composition est d'un effet grave, noble et calme. Le ton est doux et même fin dans quelques parties, mais un peu sourd peut-être. L'aspect général, comme ordonnance, comme expression et comme couleur, satisfait immédiatement l'œil et l'esprit, et mérite à cette très estimable peinture le succès qu'elle obtient.

Néanmoins, pour ne rien outrer, il convient de remarquer, d'une manière générale qu'on aurait tort de chercher ici des qualités d'un ordre supérieur. Comme goût, comme invention, comme style surtout, comme expression, et même comme exécution, ce tableau ne dépasse pas de beaucoup les limites d'une peinture de genre. Dire que ce n'est qu'une très jolie vignette agrandie, ce serait certainement aller trop loin, mais cette comparaison serait pourtant plus voisine de la vérité que l'opinion qui voudrait y voir un chef-d'œuvre de peinture historique. Tout ce que les études pratiques, un travail consciencieux et opiniâtre, un goût éclairé, une intelligence saine et un talent sûr peuvent mettre dans un ouvrage d'art, se trouve dans celui-ci. Ce qui y manque, ou du moins ce que nous n'y voyons pas, c'est ce tour d'originalité et d'individualité qui trahit les maîtres. Tout est calculable dans cette peinture ; il n'y a rien de secret ni d'imprévu ; les moyens par lesquels l'effet est produit sont aussi visibles sur la toile que l'effet même. Enfin, le style assez bourgeois, sinon commun, n'atteint pas même jusqu'à la distinction, qui n'est pas la grande originalité, mais qui y fait penser.

Ces restrictions nous sont imposées par les admirations exagérées dont cette, toile a paru être un instant l'objet, et qu'il est utile de resserrer dans des bornes raisonnables, C'est dans le même but que nous ajouterons une ou deux observations de détail. Charles-Quint nous a semblé un peu au-dessous de son rôle ; sa pantomime n'est, ainsi que tout le reste, que convenable. Tout le premier plan de gauche n'est évidemment qu'un remplissage, un simple repoussoir. Mais ces figures, étant très près de l'œil, ne gagnent pas à être étudiées. Il faut passer rapidement par-dessus pour arriver à un groupe de jolies têtes féminines placées dans le fond, et dont l'éloignement ne laisse venir jusqu'à nous que l'effet piquant de leurs toilettes et l'expression de leurs grâces un peu minaudières.

En somme, nous répéterons volontiers que cette peinture est une production infiniment estimable, en demandant toutefois positivement qu'on n'ajoute rien de plus à cette épithète.

Nous avons dû étudier avec quelque étendue les deux ouvrages qui précèdent, en raison de leur importance propre et de l'attention particulière dont ils sont l'objet ; mais, vu la longueur de la route, nos haltes seront désormais plus courtes.

Parmi les grandes pages historiques du salon carré, celle où M. Blondel a retracé la *Reddition de Ptolémaïs* à Philippe-Auguste et à Richard-Cœur-de-Lion, se fait remarquer par une composition ingénieuse, par la variété des attitudes et l'heureux agencement des groupes. Le style, sans atteindre les hauteurs de l'idéal, mais aussi sans y prétendre, est d'une élégance noble qui convient à cette histoire chevaleresque des croisades. Le ton général manque peut-être un peu d'unité et surtout de chaleur. On doit d'autant plus insister sur les qualités de cette intéressante composition, et d'autant moins s'appesantir sur ses imperfections, qu'elle est le produit d'une tradition et d'une école aujourd'hui peu en faveur, et qui depuis longtemps ne nous avaient pas fait une aussi agréable surprise.

Dans un sujet analogue, la *Procession des Croisés*, autour de Jérusalem, M. Schnets a mis toute la science et la vigueur d'exécution qu'on lui connaît, et qui lui ont assigné une place si distinguée parmi les peintres de son école. Nous ne pouvons pas étendre cette remarque au *saint-Louis* de M. Arsène, dont la faiblesse, dans tous les sens, est d'autant plus apparente, que sa toile est plus grande ; ce qui nous autorise, bien à regret, à nous borner à cette sèche citation. Nous garderons la même réserve, et par les mêmes motifs, à l'égard de la *Levée du siège de Rhodes*, par M. Odier.

Non loin de ces inoffensives peintures, la *Bataille de Mons* fait un appel au regard par le bruit et le mouvement que l'auteur a voulu probablement y mettre. Il a déployé de grands moyens pour de petits résultats, de grands corps, de grands bras, des chevaux au galop, des blessés et des mourants, des morts déjà morts tant de fois ailleurs à peu près de la même manière, et une exécution *enlevée* qui ressemble à la hardiesse, si elle ne ressemblait encore davantage à la facilité de la routine. Mais aussi qui s'aviserait jamais,

Hors d'un commandement exprès du roi ne vienne,

de peintre la *Bataille de Mons* ?

une bataille tout autrement formidable est celle du vaisseau *le Vengeur*, de M. Leullier. Cet artiste, jeune probablement, a un début bien ambitieux ; mais, comme il justifie en partie cette nuance, il ne faut pas trop le quereller là-dessus. Il y a indubitablement de la verve, de l'entrain et une fougue naturelle dans cette peinture, et, bien qu'au fond elle soit plus bruyante que terrible, elle annonce de l'imagination ; mais elle trahit bien de l'inexpérience. Le sujet n'est pas délimité, la composition est confuse et embarrassée ; on ne sait où arrêter l'œil, et on n'est jamais sûr de voir ce qu'on voit. L'effet papillote, et, par une coïncidence singulière, le ton est à la fois varié et monotone ; mais on rencontre çà et là des intentions bien senties, des expressions vraies, et une certaine force d'exécution qui dégénère souvent en dureté et en violence. Le choix du sujet n'est pas heureux. Plus un sujet est grand, imposant, abondant et sublime, en idée et vu de loin dans l'imagination, moins il est susceptible d'être suffisamment réalisé sur la toile. Il faut une bien grande force pour supporter un grand sujet.

Sous le n° 1487, et sous le titre d'une *Promenade d'Héliogabale dans Rome*, M. Ch.-L. Muller nous a donné la peinture la plus bizarre peut-être du salon, qui est cependant riche en ce genre. Cet artiste, qui faisait jadis d'autres choses et d'une autre manière paraît avoir été un peu troublé par M. Delacroix. Iil faudra bien admettre qu'il y a quelque espèce de talent dans cette bacchanale, mais ce talent est insuffisant. En fait d'art, rien ne ressemble tant, au premier abord, à une bonne chose qu'une mauvaise, mais l'illusion dure peu. Sous cet oripeau d'opéra et ce clinquant de lumières et de couleurs, nous n'apercevons rien de sérieux. La peinture admet le nu, mais non les nudités. Or, ce sont des nudités que nous montre M. Muller, et, qui pis est, des nudités laides. Il est pourtant de rigueur stricte que des femmes nues, surtout si ce sont des courtisanes, soient belles ; l'art doit s'interposer entre l'œil et la réalité. Or, ici, cet art n'est ni assez délicat, ni assez brillant, ni assez fin, ni assez poétique, pour emplir cet office. Considérée absolument comme peinture, la composition de M. Muller a du mouvement et de la vie, mais c'est le mouvement et la vie d'un ballet ; l'effet général de couleur est attirant, mais faux et fantasque ; l'inexcusable négligence de l'exécution, le goût malheureux du dessin et du style, n'offrent guère de compensations pour tout le reste.

Ce n'est pas sans découragement et même sans quelque tristesse que nous nous décidons à jeter enfin les yeux sur les peintures religieuses, tant l'impression en est fâcheuse. Décidément, les talents abandonnent tout-à-fait cette sphère supérieure de l'art, ou plutôt peut-être il n'est plus de talents faits pour elle. Le public, de son côté, est si profondément indifférent à tout ce qui a l'air d'un *tableau d'église*, qu'il ne lui vient même plus à la pensée d'y regarder, de manière qu'à moins de porter la signature d'un nom célèbre, ce qui n'arrive presque jamais, une peinture de ce genre est condamnée, sans être même entendue. L'espèce de rénovation d'art chrétien qu'on a essayé d'importer de l'Allemagne, et qui semblait être encouragée par le cours des idées littéraires et philosophiques régnantes, a complètement avorté. Le paganisme, avec ses dieux et ses héros, est encore plus mal reçu, si c'est possible. Voilà donc l'art (car il ne s'agit pas d'autre chose ici) privé des deux sources d'inspiration où il trouva pendant tant de siècles d'inépuisables thèmes de représentations, l'antiquité classique et l'histoire sacrée du christianisme. Que lui reste-t-il donc, et sur quoi s'exercera-t-il ? sur l'histoire ! mais quelle histoire ? et d'ailleurs, qu'est-ce que l'histoire toute seule pour l'art ? un recueil d'anecdotes, de faits isolés, sans intérêt, sans influence sur l'imagination, inintelligible au peuple, incapable de fournir autre chose au peintre qu'un magasin archéologique de costumes, d'armes, de meubles et d'ustensiles, vaine défroque de morts oubliés et ensevelis à jamais dans leur tombeau. Mais passons sur ces questions, nous n'avons ni le temps ni les moyens de les résoudre, et, sans chercher à plonger dans l'avenir de l'art, bornons-nous à constater ses misères présentes

Dans l'intérêt des artistes qui cultivent encore avec tant de labeur ce terrain ingrat, nous serons très court sur les peintures.de cet ordre. Presque toutes échappent à la critique ; elles défient à la fois et l'éloge et le blâme ; il faut donc leur laisser le bénéfice de l'obscurité et la protection du silence, sauf les exceptions, s'il y en a.

Et il y en a probablement une au moins dans le salon carré même, sous le n° 332 (*Martyre de saint Polycarpe*). Cette toile est d'un aspect peu prévenant au premier abord à cause de quelques tons criards dont l'artiste aurait pu facilement amortir les dissonances, s'il avait réfléchi que l'effet d'un tableau n'est pas le même au salon que dans une église. Malgré ce premier et inévitable, échec de l'œil, cette peinture résiste et demande à être mieux interrogée. De ce nouvel examen, il est résulté pour nous l'impression que c'est là une œuvre de marque. Elle a, ainsi qu'on l'a écrit déjà, et nous ne trouvons pas de meilleur mot, une grande tournure ; ou, comme disent encore mieux les Italiens, un air de *maestria*. La composition rappelle les grands modèles d'Italie, mais sans les répéter ; on y sent l'influence de leur goût et de leur esprit, plutôt que celle de leurs ouvrages. Sortir du banal, dans une route si battue, sans rompre avec la tradition, est une chose si rare, qu'on doit louer ceux qui le tentent ; surtout s'il y réussissent à quelque degré M. Chenavard a certainement ce mérite. Sa peinture n'a aucun droit à la popularité ; mais ce qu'il y a de sûr, c'est qu'elle ne peut pas plaire ou déplaire médiocrement, ce qui est le signe d'une œuvre fort au-dessus du commun. Aussi n'a-t-elle pas tardé à devenir un champ de disputes. Le tableau de cet artiste étant, à ce qu'il paraît, une nouveauté pour le public, on ne peut qu'espérer beaucoup d'une seconde épreuve, car la plupart de ses défauts peuvent être corrigés, tandis que ses qualités, étant de celles qui ne peuvent pas s'acquérir, ne pourront pas non plus se perdre.

Le voisinage nous conduit immédiatement à une peinture qui est, sous tous les rapports, l'antipode de la précédente : le *Jugement dernier* ; de M. Gué. Cet artiste a quitté brusquement les chaumières, les champs et les hameaux, pour se lancer dans les régions mystiques et surnaturelles du monde divin. Il est vrai qu'il y a vu surtout ce qu'un paysagiste pouvait y voir, des effets de lumière. Cette composition est conçue dans le système que le peintre anglais Martin a poussé jusqu'aux dernières limites de l'exagération. Mais, en cherchant à en mitiger l'intempérance, le peintre -français en a par cela même détruit le prestige. Il a voulu satisfaire à la fois à la pensée et à l'imagination, et il est resté des deux côtés au-dessous de sa tâche ; car, d'une part, il n'est pas parvenu à imprimer à sa scène cet air de cataclysme et de fin : du monde qui règne dans les compositions de Martin, et, d'autre part, il n'a pas pu y mettre davantage ce qu'y ont mis, dans un autre système, Michel-Ange, Rubens, et J. Cousin. Toutes ces petites figures, en effet, ne peuvent prétendre intéresser pour elles-mêmes, elles sont nécessairement absorbées dans le tout, et c'est d'autant plus fâcheux que l'artiste paraît avoir dépensé beaucoup de temps, d'études, d'érudition et même de philosophie, à donner à chacune une signification particulière. Nous n'avons donc pas ici une vraie représentation du *Jugement universel*, mais une simple *vue*, prise de loin et en perspective. Il y aurait du reste de l'injustice à refuser à ce tableau un certain charme, comme effet général de lumière et de clair obscur, et à l'artiste le mérite d'avoir produit cet effet ; mais ce n'est pas là proprement une peinture religieuse.

Le *Calvaire* de M. Steuben exige une justice bien plus rigoureuse. Toucher ainsi les choses sacrées, c'est les profaner. Qui jamais a pu se figurer un Christ pareil ! Non, jamais un homme de talent n'est parvenu à ce point de toute grandeur, de tout idéal, de toute beauté, le sublime pathétique de la scène fameuse du Golgotha. Non, ce n'est pas là Jésus. Si ce n'étaient les bourreaux et l'appareil du supplice, nous croirions que c'est quelque pauvre fou qu'on a chassé de la ville, où ses yeux égarés, ses cheveux hérissés épouvantaient les enfants et excitaient la pitié publique. Quelle invention malheureuse et dans l'ensemble et dans les détails ! et quelle exécution plus malheureuse encore ! Quel style, quel goût, quel choix de couleurs et de tons ! Quelle vulgarité de pensées et de manière ! Enfin, car il y a quelques bonnes choses dans cette peinture, quelle audace de plagiat !

Les peintures à sujets religieux qu'il nous reste à examiner, ou plutôt à énumérer, pourraient être partagées en trois ou quatre classes ou écoles, à peu près comme il suit :

La première en rang comme en date est celle de la pure tradition classique française, dont, pour fixer les idées, on trouverait le style dans les tableaux de M. Ansiaux. Elle ne manque jamais de représentants. Cette année, nous croyons pouvoir, sauf erreur, y rattacher d'abord et en première ligne, la *Mort de la Vierge*, de M. Caminade, dont l'irréprochable composition défierait la critique de Poussin même ; puis le *Saint Lazare, de M. Vanderberghe, specimen des plus authentiques en ce genre ; puis le* Martyrs de saint Adrien *de M. Omer Charlet ; l'*Ecce Homo, *de M. Jouy ;* le Christ apparaissant à la Madeleine *une bêche à la main, de M. Thévenin ;* l'Assomption, *de M. Ribera, artiste qui porte un très beau nom ; les deux* Jésus au mont des Olives, *de M. Pérignon et de M. Norblin ; le* Saint Leu, *de M. E. Goyet, etc, etc. A cette catégorie appartient probablement aussi le* Repos en Égypte, *de M. Ducornet, nés sans bras.*

La seconde classe, différente déjà de la précédente par un moindre penchant pour le haut style et pour la draperie, et par l'emploi moins exclusif de ses recettes pratiques, s'en écarte en outre en un point si important, qu'elle est au fond une hérésie. Ses sectateurs affectent l'indépendance et prétendent à l'invention. Séduits peut-être par le *Christ consolateur* de M. A. Scheffer, et plus encore, malheureusement, par les exemple de M. Signol, ils se permettent d'altérer les types traditionnels et consacrés des personnages divins ou célestes, qu'ils traitent avec aussi peu de façon que des figures allégoriques, et qu'ils font agir comme des héros de roman. Ce néo-christianisme esthétique n'est qu'un écho des néo-christianismes dogmatiques auxquels travaillent en ce moment tant de métaphysiciens allemands, tant de poètes et romanciers français. Cette tendance se trahit plus ou moins dans un assez grand nombre de peintures, par exemple dans celle ou M. Lafon nous donne *un Ange présentant à l'enfant Jésus la couronne d'épines*, au milieu d'une gloire lumineuse, entre ciel et terre ; la *Vision de sainte Thérèse*, de M. Glaize, offre un gout de composition et des effets de lumières analogues. M. Lavergne, dans ses *Ames du Purgatoire*, a visiblement pris conseil de M. Signol. Ce même artiste récidive dans sa *Lapidation de saint Etienne*, où il introduit, sans autorité et contre toutes les règles, Jésus-Christ dans son costume terrestre, et, qui pis est, le fait accompagner par Dieu le père. *Les Anges au Sépulcre*, de M. Varnier, ne sont pas non plus très orthodoxes, et son tableau tout entier est encore une des fautes de M. Signol, auquel on peut reprocher aussi en partie le *Christ au Tombeau* de M. Janniot, et surtout la *Madeleine*, de M. Laby. Les mêmes tendances hérétiques se révèlent encore dans les *Trois Vertus théologistes* de M. Louis, dans *l'Assomption de la Vierge* de M. Wachsmut, dans l'*Annonciation aux Bergers* de M. Cibot, dans la *Fuite en Égypte* de M. Colin, peinture d'une laideur rare, et enfin dans bon nombre d'autres encore ; car ce système gagne considérablement du terrain. La *Madone* de M. H. Scheffer, tout talent à part, n'a pas d'autre filiation que les *Medora* et les *Marguerite*, ce qui est une origine bien romanesque et assez mondaine.

La troisième classe est bien moins nombreuse, mais elle est plus caractérisée ; elle a pour chef éloigné M. Ingres, et pour précédents plus immédiats MM. Flandrin, Lehmann, Amaury-Duval. C'est une sorte de classicisme moderne un peu moins insipide que l'ancien, mais plus pédantesque peut-être, et surtout plus importun, car il n'est pas si modeste. On reconnaît aisément ses produits aux signes suivants : composition pauvre, figures clairsemées et de grandeur demi-nature, expressions froides, dessin exact, compassé, exécution étudiée et presque précieuse du modèle, essence de relief, tons gris, coloris faible, monotone, lumière plate, bouche uniforme. On retrouvera la plupart de ces caractères, sinon vous, dans l'*Adoration des Bergers, de M. Philippe, dans l'Education de la Vierge*, de M. Pilliard, la "*Captivité de Babylone de M. Joyard, le* Jacob et Laban, de M. ??* , enfin dans la jolie *Tête d'Ange* que M. Amaury-Duval à dessinée et pensée avec une simplicité si recherchée.

Nous ne savons à quelle classe rattacher le *Moise sauvé des eaux* du grand salon. S'il n'était signé par une dame, nous l'attribuerions volontiers à M. Schopin.

Enfin, dans une dernière et quatrième catégorie, on placera ceux qui, sans suivre une école ou un système, préfèrent tout simplement reproduire la manière et même les compositions de quelque maître célèbre. Ceux-ci sont les plus sages ; car, si on ne peut pas inventer soi-même, quoi de mieux que de se servir des inventions des autres, surtout si elles sont bonnes ? En général ils choisissent bien. Les uns s'adressent à Raphaël, comme par exemple M. Cazes, qui a refait, *la Belle Jardinière* ; d'autres préfèrent Michel-Ange et les Florentins, comme M. A. Deveria dans sa *Charité*. Ceux-ci ont du penchant pour les Vénitiens et s'exercent sur les étoffes ; le *Christ au tombeau*, de M. Guichard, offre quelque chose de semblable ; ceux-là se décident pour le Caravage, et c'est ce qu'a fait particulièrement M. Jollivet pour sa *Déposition*. Il en est qui remontent jusqu'aux Byzantins, comme M. Maison pour sa *Peste* (n° 1355), M. Quantin (n° 1648) dans les ornements du cadre de son *Christ au Jardin*. Un autre se contentera de combiner le Pérugin et Fra-Bartholoméo, comme on le voit dans une *Notre-Dame* de M. Frenet. Enfin il y en a qui appellent à leur secours les anciens maîtres par exemple M. Mottez, dont la *Sainte Famille* mériterait probablement des remarques d'une autre nature, si elle n'était placée hors de vue.

Telles sont les quatre directions entre lesquelles se débat la peinture religieuse. On serait fort embarrassé de choisir car comment, choisir entre la banalité et le pédantisme académique, entre la prétention impuissante et le pastiche ? Laissons donc ces honorables peintures rejoindre en paix leurs aînées dans l'oubli, et passons à d'autres.

Tableaux de genre.- Plaçons-nous d'abord devant, cette *Noce juive* si gaie, si vivante, si pleine d'imagination et de mouvement, si piquante d'esprit, si charmante de naïveté, et qui, par l'exquise fraîcheur des tons, la franchise de la touche et l'excellente distribution de la lumière, rappelle et égale presque P. Véronèse. Cette peinture est d'une grande réussite. Jamais M. Delacroix n'avait mis sur une toile autant de ce qu'il a, et si peu de ce qui lui manque. Elle est le type, et le dernier point de ce qu'il sait et peut faire. A la finesse, à l'harmonie habituelles de son coloris, il a joint cette fois des qualités beaucoup plus rares chez, lui, la vivacité et la transparence. L'effet, général est suave, plutôt animé que brillant ; l'œil est satisfait partout, sans être attiré nulle part.

Tel est l'aspect de cette peinture à la limite de la vision distincte ; mais en s'en rapprochant, On voit que ce séduisant résultat coûte cher et qu'il est le prix de douloureux sacrifices. Ces touches de couleurs pures et vierges, si belles de loin, ne le sont plus du tout de près ; on trouve à leur place une inextricable couche d'empâtements sous lesquels toute forme distincte des objets, tout dessin, tout modelé, disparaissent. C'est là un des inconvénients généraux de ce procédé de peinture ; mais M. Delacroix ne se donne pas assez de peine pour l'amoindrir, et son travail pourrait, ce nous semble, gagner infiniment en délicatesse, en fini, en précision dans le détail, sans que l'effet général en souffrît. Nous le renvoyons à P. Véronèse lui-même, et à bon nombre de Flamands et de Hollandais. Quant à cet étrange et inexplicable goût du laid et du baroque qui donne à ses figures un aspect répulsif que personne n'a pu encore s'y accoutumer, nous ne le croyons pas non plus indispensable. C'est un travers de l'artiste, et non une nécessité de son système de peinture. Mais il paraît irrémédiable ; il faut en prendre son parti.

Le *Naufrage*, moins complètement réussi peut-être que la *Noce*, a des parties admirables. La conception générale est d'une poésie terrible, et l'effet ne reste pas trop au-dessous du sujet. Un ciel pesant, sombre et bas, un vaste silence, une mer sans rivages dont les larges - flots se déroulent jusque dans les dernières profondeurs de l'horizon, et sur cette mer une barque surchargée d'hommes à demi nus, en proie aux terreurs de la mort, au désespoir furieux de la faim, procédant avec une sinistre régularité au fatal tirage qui doit donner l'un d'eux à dévorer aux autres. La barque ne vogue plus, car le timonier a, lui aussi, abandonné le gouvernail pour prendre part à l'horrible scrutin ; elle flotte au hasard, ballottée par les vagues. L'impression de la peinture correspond à la conception. Elle est profonde et saisissante, mais elle résulte moins, selon nous, de l'action particulière dont la barque est le théâtre et les naufragés les acteurs, que de l'effet général de tristesse, de terreur et de désolation, répandu sur le lieu de la scène. L'action de la barque, en effet, n'est peut-être pas suffisamment claire, et d'ailleurs, pour un pinceau comme celui de M. Delacroix, la petitesse des figures n'était guère favorable au détail des expressions. Sous ce dernier rapport une autre main aurait pu aller plus loin et entrer plus avant dans le sujet. On ne comprend pas davantage pourquoi une seule, et même tête a suffi pour tant de personnages. Mais il ne faut pas chercher de ces études-là dans M. Delacroix. Toutefois, en prenant le tableau en masse, il est d'un effet puissant. La mer est surtout d'un mouvement, et nous dirions même d'un dessin admirable. On suit jusque dans les derniers lointains le roulement sans fin de ces vagues qui se poussent, s'effacent et se remontrent plus loin pour disparaître encore ; on y sent une agitation profonde et intestine, on entend leur clapotement triste et continu. Ce n'est pas une mer réelle, comme l'aurait pu faire un peintre de marine, c'est une mer idéale, poétique, vue plutôt par l'imagination que par les yeux, vraie pourtant, mais vraie de la vérité de l'art. Nous pouvons faire remarquer ici que, lorsqu'il arrive aux artistes forts de peindre par occasion des objets étrangers à leurs études habituelles, ils leur impriment un tour original et imprévu qu'on est loin de rencontrer dans les peintres spéciaux. C'est ce qu'on peut voir dans les fragments de paysage, d'architecture, de mer, de nature morte, semés dans les peintures historiques des grands maîtres ; M. Delacroix a eu ici la même fortune, et son *Naufrage* nous paraît être incontestablement la plus belle marine du salon.

Après M. Delacroix, et à la distance nécessaire, citons les trois compositions de M. Robert Fleury, qui cette année jouit sans contexte et presque sans partage de la vogue. Ce n'est pas sans doute l'attrait pur de l'art qui convoque et retient la foule devant sa *Scène de l'Inquisition* ; c'est bien plutôt le sujet. Mais le sujet ne suffirait pas seul, et c'est déjà un grand mérite à l'artiste de lui laisser son intérêt. On ne peut certes rien imaginer de plus propre à produire des effets nerveux que le spectacle d'un homme couché sur le dos par terre, au fond d'une cave, les deux jambes fixées séparément dans deux trous d'une pièce de bois de manière à laisser dépasser seulement ses pieds, exposés de près à un feu ardent qu'attise incessamment un bourreau, tandis que des moines, à mine sinistre et impitoyable, suivent impassiblement les progrès et les résultats de la torture. M. R. Fleury a rendu tout cela exactement, sans exagération, mais aussi sans pitié. Ses expressions sont vraies, sa pantomime juste, quoique d'une justesse et d'une vérité communes. Joignez à cela une exécution étudiée du tout et de chaque partie, une lumière à oppositions fortes et par conséquent à effet, des accessoires peints avec science et avec goût, et on aura assez de quoi justifier l'empressement du public pour ces peintures recommandables. Ce ne sont pas là des qualités supérieures, mais elles suffisent dans les limites où circonscrit l'artiste, et, dans des choses si difficiles, c'est beaucoup d'être suffisant.

Les nombreuses peintures de M. Biard, quoique d'un goût tout différent et avec plus d'originalité, ne dépassent guère la portée des précédentes. La plupart, cette année, sont des *vues* et des *scènes* des pays septentrionaux ; on n'y voit que neiges, frimas, glaces et brouillards. M. Biard a l'instinct voyageur ; il a visité les lieux et observé les choses qu'il représente ; il a aussi, à un haut degré, le sens imitateur, le sentiment de la couleur locale, et de même qu'il s'accommode et s'habitue, en bon voyageur, à tous les accidents de route et aux manières, mœurs et usages des peuples dont il est l'hôte passager, ainsi fait-il, comme artiste ; il saisit avec justesse, sinon avec profondeur, la réalité des choses, et il la rend avec la même sincérité. Ses *Vues* de Laponie sont très intéressantes sous ce rapport ; sa *Mort de Ducouedic* est remarquable surtout par la couleur locale, et par une fine observation des caractères spécifiques des marins.

M. Biard a aussi, comme on sait, pris à tâche de faire tous les ans rire le public, et il y réussit assez bien, quoique pas aussi bien que tant d'autres qui n'y prétendent pas. Son comique n'est certes pas celui de Molière, mais il approche quelquefois de celui de Vernet et Docry. Ne soyons pas trop exigeants. Cette année il nous a donné pour notre régal d'usage les *Gros péchés*, la *Demoiselle à marier*, et *la Distraction*. On lui dispute pourtant son monopole. M. Pigol continue toujours sa lutte inégale, mais son *Assaut du matin* est une défaite complète. Le *Barbier* de M. Guillemin, ne doit pas non plus trop inquiéter M. Biard, mais il a à se garder de M. Gros-Claude, dont les *Trois Commères* engendrent des rires inextinguibles, qui paraissent sincères, quoiqu'il soit difficile de faire descendre l'art à un tel niveau de bassesse et de trivialité.

Nous aurions dû déjà nous arrêter devant la *Partie d'échecs*, et dire, sans hésiter, que ce tableau microscopique est le morceau capital du salon. En effet, c'est une œuvre complète et achevée en son genre ; elle atteint ce degré de perfection relative, qui, sans être le dernier, en tient lieu. Rien de plus rare, dans notre temps, qu'un ouvrage d'art bien fait, dans le sens rigoureux du mot. En littérature, en peinture, en sculpture, en toutes choses nous ne savons faire que des ébauches ; nous manquons toujours, soit par excès, soit par défaut, cet équilibre des proportions, cette pondération des qualités, ce point exquis de justesse, qui fait les œuvres accomplies. Aussi, avec les plus beaux talents, nous n'avons pas de beaux ouvrages. Le tableau de M. Meissonnier, est, comme son *Liseur* de l'an passé, un petit phénomène exceptionnel sous ce rapport. Comme expression et composition, il serait difficile d'être plus délicatement et plus profondément vrai, de saisir et rendre avec plus de sûreté et de force le côté comique de la scène, de donner plus de physionomie, et de marquer de trait plus distinctifs les trois acteurs qui y figurent. L'exécution est pleine de goût et de légèreté, d'un détail très étudié, mais sans recherche puérile. Il n'y manque peut-être, pour être un Steen ou un Ostade, qu'une légère couche de poussière apportée par le temps.

Dans ce genre de scènes familières illustré par les Hollandais et les Flamands, et si agrandi par Hogarth, nous n'avons pas trop à nous féliciter. Sauf l'exception dont nous venons de parler, M. Biard est encore avec M. Baume, qui passe maintenant sa vie sur les champs de bataille, ce que nous avons de plus saillant ; à moins qu'on ne voulût leur opposer M. Destouches, dont le comique larmoyant et l'insipide sentimentalisme n'ont rien d'amusant, comme on peut s'en assurer par sa *Convalescence*, sorte de Greuze affadi, d'un ennui mortel. *L'Enfant volé*, de M. Grenier, est encore une production assez sotte, quoiqu'il lui soit échu la plus belle place du salon La *Siesta* de M. T. Johannot ne nous indemnise pas complètement, malgré quelques détails agréables et la grâce du coloris. Nous osons à peine mentionner les nombreuses scènes de mœurs italiennes, de M. Pingret, et encore moins la *Rose Flammock*, le *Page indiscret* et l'*Après-Dînée* de M. Jacquand, bien qu'ils aient beaucoup de sectateurs. Le voisinage de *l'Inquisition* fait beaucoup de tort à la touche léchée et froide, et au vernis de M. Roehn, dont le *Bon Pasteur* offre pourtant assez de grosse vérité pour toucher les cœurs sensibles, et une assez jolie figure de jeune fille. Nous aurions encore à glaner çà et là quelques petites toiles analogues, mais sans grand profit, et nous ne pouvons d'ailleurs empiéter sur les droits du livret. Ajoutons pourtant, pour faire preuve de bonne volonté, les *Noisettes,* de M. Gué, l'auteur du *Jugement dernier,* les *Petits Savoyards,* et le *Gibier,* de M. Fouquet ; le *Retour de la ville,* de M. Guet. Nous avouons d'ailleurs être incapable d'apprécier les différences et de marquer les degrés relatifs de mérite de la plupart de ces peintures ; car il y a un point de l'art où tout se ressemble. Mais nous n'y sommes pas obligé.

L'Entrée de la duchesse d'Orléans au jardin des Tuileries, de M. Eng. Lami, est une peinture toute rosée, toute sémillante, toute chatoyante, et bariolée d'échantillons de toutes les couleurs. Les toilettes de femmes sont du dernier goût, et on y peut faire un cours de modes. On pouvait peut-être prendre un autre parti ; mais, en prenant celui-là, on ne pouvait s'en tirer avec plus d'imagination et d'adresse, ni mettre plus d'art à peindre des choses qui ne valent guère la peine d'être peintes. On peut rapprocher de ce tableau celui M Guiaud a représenté le *Cortège funèbre de Napoléon,* au moment de son passage sur la place de la Concorde.

Il y a quelques petits tableaux dans le goût des hollandais. *L'Intérieur d'atelier,* de M. Jollivet, vise au fini précieux du détail et, à la parfaite illusion de la lumière et du clair-obscur. Sans pouvoir bien préciser en quoi il pèche, il nous semble qu'il n'arrive pas au but. Il est minutieux sans finesse, exact plutôt que vrai. C'est la perfection du travail, moins l'art ; *La Mansarde,* de M. Digout, est une assez agréable réminiscence de Rembrandt, auquel il est assez facile de ressembler de loin. M. de Loos laisse voir dans son *Maître d'école* les traces de ses études sur Wilkie et sur Ostade ; c'est une imitation libre et non une simple traduction. *La Cuisinière,* de M. Béranger, est également une parente éloignée de celles de Mieris et de Metzu. Enfin nous indiquerons, comme appartenant, quoique moins directement, à la même école, *l'Attente,* et surtout le. *Contrebandiers en Angleterre,* de M. Aug. Delacroix, qui nous semblent mériter une mention particulière.'

La *Comédie française,* de M. Geffroy, mérité une note à part. Il fallait beaucoup d'art et d'esprit pour donner à cette scène un autre intérêt que celui de la curiosité. M. Geffroy y en a mis assez pour y faire, à son talent de peintre, une part honorable. Ce congrès dramatique est représenté avec un art de mise en scène qui ne doit pas surprendre, mais en même temps avec un goût d'artiste qui pourra s'appliquer ailleurs. II est présidé par Célimène, assistée d'Hermione placée un peu en avant, mais plus bas ; tout autour se rangent par degrés insensibles, mais avec une variété d'intentions que nous ne voulons pas pénétrer, Mascarille, Figaro, Richelieu, Jacoub, Oreste, Chérubin, etc ; la distribution des rôles est parfaite. Les têtes sont très ressemblantes, sans être positivement des portraits, car l'artiste a voulu nous montrer les comédiens plutôt que les individus. L'agencement des groupes est bien entendu et conforme aux convenances pittoresques.

Le genre historique ou anecdotique est d'ordinaire très abondant, et cette année il n'a pas eu moins de fécondité. Mais on nous permettra d'être très sobre de citations. En première ligne, nous rencontrons les trois grandes compositions de M. Alaux, Son *Assemblée des notables à Rouen, sous Henri IV*, outre l'intérêt de l'exactitude historique des moindres détails du lieu et du fait, qui importe peu ici, est très remarquable par l'entente de la perspective, par la disposition savante des lignes, et par la solution heureuse d'une foule de difficultés pratiques. Les hommes du métier admirent surtout cette longue file de toques rouges et violettes, sont la réunion, nécessitée par la perspective, pouvait être de l'effet le plus ingrat, et dont l'artiste a tiré un effet piquant. Nous admettons et même nous sentons toutes ces qualités, nous reconnaissons tout ce qu'il y a d'habileté, de savoir et de talent dans ces tableaux de M. Alaux ; mais il n'est pas moins certain que ces peintures sont de celle dont on voit immédiatement le fonds ; elles vous donnent ce qu'elles ont, tout à la fois. Aussi, à peine vues, on passe outre, et on n'y revient plus. Ceci n'est pas une critique, c'est une simples observation.

Plaçons immédiatement ici, comme à leur place naturelle, les tableaux de M. Granet, dont le vigoureux talent n'a pas plus besoin d'explications que d'éloges. Quoique un peu blasés sur des effets qu'on voit depuis plus de trente ans, on ne peut s'empêcher de dire que dans cette lumière, en apparence si facile à imiter, cet artiste conserve encore un cachet de maître. Avec M. Granet, rappelons un nom qui, à une autre époque, brilla à côté du sien, celui de M. Revoil, fondateur et chef de cette école de Lyon, si florissante dans les premières années de la restauration, mais dont il reste peu de traces. Nous avons vu avec intérêt reparaître sur le livret le nom de cet artiste. Parmi les ouvrages qu'il expose cette année ; son *Philippe-Auguste* est le plus important par la composition ; mais nous préférons son *Giotto*.

C'est faute d'une meilleure place que nous intercalerons ici d'abord la bataille du *Col de Teniah*, par M. Bellangé, exacte comme un bulletin, et peinte avec la verve et le talent tout spécial de l'artiste ; ensuite, un épisode de la retraite de Moscou, *le Combat de Krasnoë*, représenté par M. Langlois avec un grand effet de couleur locale ; et enfin, *le Combat du Sig* par M. Baume. Et puisque nous sommes ici hors de toute classification régulière, nous saisissons cette occasion de rappeler quelques peintures oubliées dans la rapidité de notre course, et qui, à divers titres, méritent au moins une mention. D'abord, *l'Arnold-de-Mechtal*, de M. Lugardon, qui, en bon patriote, ne sort pas de l'histoire suisse : il a un peu changé sa manière ; de noir il est devenu rouge. Nous ne savons trop s'il y a gagné ou perdu. Les premiers ouvrages de cet artiste avaient promis plus qu'il n'a donné depuis. L'*Homère* de M. Leloir paraît avoir donné des scrupules à quelques personnes, mais on peut se tranquilliser parfaitement l'esprit sur cette peinture, en disant qu'elle n'a d'autre mérite que de rappeler des choses beaucoup mieux faites ailleurs, et de montrer ce que vaut en peinture un système quand il vient seul. Il en est de *la Nausicaa* de M. Galimard, pastiche de l'antique, de Raph. Mengs et de M. Ingres, mais où l'auteur a assez mis du sien pour conserver un incontestable droit à l'originalité.

On voit en face l'une de l'autre ; dans la galerie de bois, *la Telessilla.*de M. Jules Etex, et *la Léda* de M. Riesener. Nous préférerions le goût de la première, mais le talent de la seconde est séduisant, même dans son maniérisme. Le mariage de Léda avec le cygne ne fut qu'un mariage mystique, et c'est ainsi que l'a compris Michel-Ange ; mais M. Riesener est plus positif. La chaude et vive exécution de sa peinture ne rachète peut-être pas tout-à-fait cet inconvénient. Parmi nos oublis, nous joindrons ici, pour mémoire seulement, *la Françoise de Rimini*, de M. Decaisne, qui mérite les : honneurs d'une lithographie ; *la Bacchante, la Rêveuse, l'Odalisque,* de M. Lépaulle, plus dignes encore de la même popularité ; et une scène de *la Destruction d'Herculanum*, par M. Simon Guérin, où nous avons cru remarquer un talent notable de composition et une certaine force d'invention dont il convient d'attendre quelque preuve plus décisive.

Paysages, marines, etc. - En déplorant précédemment l'extinction des traditions héroïques et religieuses, ces mères nourrices de la peinture, nous nous sommes demandé ce qu'il restait à l'art ; nous pouvons répondre ici qu'il lui reste la nature. Si *les dieux s'en vont*, en effet, la nature reste toujours belle, toujours jeune, éternel spectacle de beautés sans nombre pour les yeux, intarissable source d'impressions pour l'âme. Ce n'est qu'un pis-aller, mais il est encore d'un grand prix. Il y a là encore une poésie, un idéal, un art possibles. Il semblerait, du reste, qu'un secret instinct pousse maintenant -nos artistes de ce côté. Les paysagistes se multiplient depuis quelques années, d'ailleurs, le paysage est le genre où l'on réussit le mieux. Nous indiquerons ce point de vue ; mais gardons-nous de la discuter.

En considérant l'ensemble des ouvrages de ce genre, on les voit représenter assez nettement deux système opposés, caractérisés par la prédominance du point de vue *naturaliste*, ou du point de vue *idéal* ou *poétique*. L'une se tient aussi près que possible de la réalité, qu'elle cherche à *imiter*, dans un sens strict, en la laissant responsable de l'effet produit ; l'autre la prend seulement pour base, et y ajoute des éléments empruntés à l'imagination dans l'intérêt d'une idée, d'une impression, d'une émotion quelconque. Cette distinction, qu'on pourrait établir autrement et mieux, suffira, nous l'espérons, pour notre but. Elle s'est réalisée d'ailleurs en grand dans l'histoire du paysage. Il est évident que le Titien, le Dominiquin, les Carrache, Rubens, le Poussin, et en partie Claude Lorrain, ont autrement conçu la représentation de la nature que Ruysdaël, Wynantz, Berghem, et en général l'école hollandaise et flamande. L'opposition de ces deux systèmes s'est reproduite de nos jours, depuis la renaissance de ce genre, sous d'autres formes, et elle est assez marquée au salon actuel pour fournir une base de classification acceptable, sinon rigoureuse.

Le plus habile de nos paysagistes naturalistes est sans contredit M. Cabat. Il s'est créé une manière qui a eu des imitateurs. Il a un sentiment profond et vrai de la nature. S'il n'en voit que peu de côtés, les côtés qu'il voit, il les rend avec beaucoup de délicatesse et de charme. Il ne court guère après ce qu'on appelle les beaux sites, qui ne sont souvent que des décorations de théâtre. Quelques arbres, un chemin, un coin de forêt, lui suffisent ordinairement. Son *Paysage* (n° 258) nous met au milieu d'un bois traversé par un chemin ; deux ou trois bûcherons travaillent à abattre un arbre : Partout le calme, le silence, le repos, mais peut-être aussi l'immobilité. La nature vit dans les paysages de M. Cabat, mais c'est d'une vie un peu sourde ; ses arbres, d'un dessin si simple et d'un port si naturel, sont presque, sinon tout-à-fait, immobile l'air circule bien entre leurs feuilles, mais sans les agiter. De là un peu de froideur et de monotonie dans l'effet. Nous prions M. Cabat de nous faire une seconde *Vue de Narni.*

La foule des paysagistes de cette catégorie est si pressée, qu'il faudrait un travail spécial pour rendre à leurs œuvres la justice qu'elles méritent, pour établir les rangs et faire les distinctions qu'elles comportent Réduits à la nécessité de simples mentions, nous citerons, comme principalement remarquables : la vue des *Environs d'Orbitello* en Toscane, par M. Lapito, si riche en motifs pittoresques et d'une si belle lumière ; la vue d'une vallée des Alpes, de M. Dagnan ; la montagne boisée, à gauche, légèrement éclairée des premiers feux du jour, tandis que le côté opposé de la vallée est encore plongé dans l'ombre, est d'une transparence et d'une finesse de ton admirables. Ces sites alpestres sont très recherchés des paysagistes, parce qu'ils offrent par eux-mêmes et comme simples masses des formes et des aspects très frappants par leur singularité, sur l'effet desquels on compte plus ou moins. Parmi les paysages de cette nature ceux de M. Calame et particulièrement sa *Forêt de sapins* (n° 267) semblent étudiés et rendus avec moins de servilité, et traités avec plus d'imagination, qu'on n'en trouve dans la plupart des autres. Ceux de M. Empis, de 'M. Diday, et de M. Posé ont de bonnes parties, et portent la marque d'études sérieuses et de mains habiles.

La distinction des manières et des styles est aussi tranchée dans le paysage que dans les autres genres de peinture, mais, il est beaucoup moins aisé de la déterminer. La langue commune se refuse à toute analyse précise de ces différences délicates, et ne trouve que les mêmes mots pour les choses les plus opposées. C'est là l'inconvénient de la langue générale des arts, qui ne peut exprimer qu'à demi et de fort loin, ce qui est si bien et si sûrement discerné par l'intuition immédiate du sentiment. Ainsi, il serait impossible de tracer des lignes de démarcation bien distinctes, entre la manière de M. Flers par exemple, qui a pourtant beaucoup de physionomie, et celle de M. Thuiller, qui en diffère tant. On ne peut que renvoyer à la *Rivière* du premier (n° 718) et à la *vue* italienne du second (salon carré). Il en est de même pour les paysages de M. Jolivard, comparés à ceux, par exemple, de M. Mercey, ou de M. Ricois. Quelquefois cependant l'exagération d'un procédé peut fournir une indication ; par exemple, pour M. de Laberge qui affecte une précision tellement minutieuse qu'il nous permet de compter une à une les feuilles et les rameaux les plus déliés d'un arbre, dans son *Paysage* n° 503 (sous *la Partie d'échecs*). L'exactitude du dessin et la recherche de la forme distinguent aussi assez convenablement la manière de M. Jules Coignet C'est sous la protection de cette excuse que nous nous permettrons de citer sans commentaires plusieurs ouvrages de la même école, tels que ceux de M Sarrasin de Belmont, de MM. Hostein, Danvin, Loubon (*Bords de la Durance, Bergers émigrants*) et Brune, quoique ce dernier se rapproche un peu de la catégorie suivante.

Il est remarquable que l'école qu'on appelait autrefois *historique*, et qu'il faudrait nommer *idéaliste* parce que le mot est plus compréhensif, a produit en peu d'années un grand nombre d'ouvrages fort distingués, et que, sauf M. Cabat et M. Jules Dupré, dont on regrette cette année l'absence, elle possède les talents les plus originaux. L'ancienne école classique ou plutôt académique n'a plus guère d'autre représentant que M. V. Bertin qui modèle encore un paysage suivant les règles les plus pures de Valenciennes, comme on peut le voir dans sa *vue de la Ville de Nicotera* en Calabre ; ouvrage auquel on peut joindre, mais avec restriction, le *Tobie* de M. Boisselier. La nouvelle, qui continue sans s'en douter heureusement, l'esprit sinon les traditions de son aînée, a pour principaux adhérents M. Aligny, M. Marilhat, M Huet, M. Corot, M. Ed. Bertin et quelques autres.

On se souvient de l'effet de surprise que produisirent, il y a quelques années, les premiers ouvrages de M. Aligny. De la surprise on passa à l'admiration Son fameux *Prométhée* fixa son rang. On re- trouva dais ces ouvrages, avec des inspirations et des idées modernes, le grand goût de l'école d'Italie et de celle du Poussin. Cette manière élevée, grave, poétique, fut parfaitement comprise et acceptée, et fit école. Cette année, M. Aligny a exposé plusieurs tableaux. Le plus remarquable ; selon nous, celui qui donne une idée complète de son talent et met le mieux en relief ses belles qualités, c'est sa vue de la *Campagne de Rome*, si mal placée dans la galerie de bois. La majesté solennelle du désert romain y est rendue dans toute sa grandeur. On y retrouve surtout cette multitude de plans se superposant à l'infini, jusqu'au plus lointain horizon, résultat de la forme du sol qui ressemble à une mer agitée par : une immense houle. Un chariot chargé de foin et traîné par des buffles traverse silencieusement cette solitude. Dans ses *Bergers de Virgile*, M. Aligny nous a paru moins heureux. Nous y voyons une tendance à l'exagération systématique. C'est un paysage *composé* dans la rigueur du mot. On y admire la pureté du dessin de ces grands arbres qui entremêlent leurs immenses rameaux ; mais l'ensemble a déjà quelque chose de cette régularité apprêtée, si fatigante dans les œuvres de l'ancienne académie. Et comme on tombe du côté où l'on penche, M. Aligny doit se garder de devenir froid à force d'être pur, et insignifiant à force d'être simple. Ce dernier inconvénient nous paraît presque réalisé dans sa *Vue de Capri*.

Un critique analogue pourrait peut-être s'appliquer aux -paysages de M. Paul Flandrin, d'ailleurs pleins de goût et de charme ; et plus spécialement encore à ceux de M. Corot.

M. Marilhat a moins de tendance au pur idéal que l'artiste précédent ; mais, quoique plus près de la réalité, il fait une grande part à l'imagination. Ses souvenirs des *Environs de Beyrouth* ne feront pas oublier sa magnifique *Vue du Caire*, qui fut pour lui un début si éclatant ; mais elle la rappelle et se soutient presque à côté. Le ton général est chaud, mais doux, la lumière abondante et riche ; les fonds sont d'une rare finesse et légèreté. Ces gigantesques pins d'Italie sous lesquels reposent quelques Arabes avec leurs dromadaires, sont d'une tournure et d'un jet admirables, et dans ces aloès, ces cactus et autres plantes grasses du premier plan à droite, nous retrouvons la science de dessin, la touche vigoureuse et originale des grands roseaux et plantes aquatiques du Nil, de sa *Vue du Caire*. On pourrait observer cependant que le voile vaporeux répandu sur le tout n'est pas assez transparent, et que le ton général est un peu mou.

L'analogie du sujet, plutôt que celle de la manière, nous autorise à citer ici les *Ruines de Karnak*, à Thèbes, par M. Labouere. C'est une vue d'après nature, saisie surtout par le côté grandiose, mais un peu aussi par le côté théâtral ; il faut éviter, en ce genre, les effets de panorama. Comme composition, ce paysage, d'ailleurs remarquable, a le défaut d'être partagé en deux moitiés par le massif de ruines et le grand arbre du milieu, d'où résultent, en quelques sorte, deux tableaux distincts et deux points de vue.

Le sujet biblique d'*Elie* faisant mettre à mort et précipiter les faux prophètes, a fourni à M. Rémond l'occasion d'une de ces compositions colossales qu'il paraît affectionner. On pourrait littéralement se promener dans son paysage. Mais le style grandiose n'a pas besoin de tant d'espace pour se déployer. Toutefois, malgré l'exagération de cet appareil théâtral, ce paysage ne peut qu'ajouter à la réputation de cet artiste recommandable.

Nous voyons avec quelque peine M. Huet se disposer à changer de manière Celles qu'il s'était faite était sans doute fort arbitraire et d'une originalité suspecte, mais enfin elle était sienne. Sa vue d'*un Torrent en Italie* trahit une direction nouvelle dont nous ne pouvons pas le féliciter ; quoiqu'elle révèle. Beaucoup de talent. Nous préférons son *Lac*, où l'imagination domine et va jusqu'à la fantaisie, mais dont l'effet est singulièrement attachant. La composition : est très simple : une : grande pièce d'eau : verdâtre, froide et dormante, bordée de tous côtés de grands arbres et de taillis épais, un air humide, la demi-obscurité de la chute du jour, un temps couvert ; au travers du bois, deux cavaliers, suivis de quelques chiens, galopant à toute brides comme s'ils étaient poursuivis. L'impression en est mystérieuse et presque sinistre.

Après les principaux représentant de l'école dont il s'agit, on pourrait en trouver beaucoup d'autres encore qui se rattachent moins directement au même point de vue, par exemple M. Marandon de Motyel dans ses souvenirs des *Environs de Bade* ; M ; Flacheron qui dans sa *Mort d'Abel*, un peu trop sombre d'effet, a mis à profit les belles lignes naturelles des montagnes de Subiaco ; M. Troyon (*Tobie et l'Ange*) dont la composition ambitieuse, mais pauvre, vise à la simplicité du grand sans y atteindre.

Les vues intérieures de villes et d'édifices ne nous offrent cette année qu'un petit nombre de morceaux d'artistes, la plupart connus depuis assez de temps ; deux *Vues de Venise* de M. Joyand, qui est resté le maître en ce genre ; quelques souvenirs de villes d'Allemagne par M. J. Ouvrié, touchées avec science et vérité ; l'intérieur de la *Cathédrale de Milan* de M. Sebron, ou les tons violacés et rougeâtres dominent trop ; enfin la *Vue de Naples* et *d'Alger* où M. Wyld prodigue avec trop de luxe les effets pyrotechniques de la lumière. Parmi les noms moins connus et dont les ouvrages offrent de l'intérêt, on trouverait ceux de M. Villa-Amil pour son église d'Alcala de Henarès, M. Woench pour sa *Vue de Rome*, M. Vinit pour son *Église à Palerme* et ses *Pyramides*.

Comme annexe du paysage, il convient de ne pas oublier le trois scènes de chasse de M. Jadin, qui remet en lumière un genre très peu cultivé aujourd'hui, et qui a produit dans tous les temps de très habiles maîtres, dont les plus connus en France sont Snyders, Oudry et Desportes. Sans égaler la vérité naïve d'observation et surtout la, finesse et la vivacité d'exécution de ces peintres, M. Jadin ouvre cette route avec assez de talent pour engager quelques artistes à le suivre. M. Ph. Ledieu a exposé aussi une *Chasse au chevreuil* et une *Chasse au cerf* qui n'ont rien d'assez saillant pour exiger une description particulière.

Les *marines* sont, relativement assez clair-semées. Les occasions de voir la mer sont si rares pour nos artistes parisiens, qu'il faut des circonstances particulières ou une vocation tout exceptionnelle pour les entraîner dans cette voie. Aussi ne voyons-nous guère que des noms ; sur lesquels nous n'avons rien à apprendre. M. Gudin a exposé à lui seul plus de tableaux que tous les autres ensemble ; il en a fait dix-sept cette année, et c'est beaucoup. La plupart sont des batailles destinées à Versailles. Cette fécondité suppose une facilité peu commune ; mais elle est explicable. M. Gudin est doué de facultés naturelles rares ; c'est un talent franc et d'une grande distinction. Mais, s'il faut le dire, il s'est habitué à compter tellement sur ses ressources personnelles qu'il a un peu perdu de vue la nature. Il paraît ne plus voir la mer et tout ce qui en dépend qu'au travers de ses souvenirs, et surtout au travers de ses propres tableaux. Il ne fait presque ainsi que se traduire indéfiniment lui-même, avec esprit, avec intelligence, avec habileté comme il convient à un talent tel que le sien, mais non sans user sensiblement les ressorts qu'il met en œuvre. Les habitudes de main sont très dangereuses surtout dans les peintres spéciaux. M. Gudin est peut-être déjà arrivé à ne plus guère peindre que de pratique. Il fait une mer calme, une mer agitée, un vaisseau qui saute, un vaisseau qui coule en un tour de main, et toujours bien, comme on fait un paraphe. C'est là ce qui rend compte en partie de sa prodigieuse fertilité. Aussi ses peintures semblent n'avoir pas de corps elles amusent plus qu'elles n'attachent ; et l'on s'étonne, tout en admirant le talent facile, ingénieux, brillant et même original de l'artiste, de ne pouvoir pas les prendre tout-à-fait au sérieux. La cause en est peut-être que M. Gudin ne voit la nature qu'à la surface ; il n'en a pas le sentiment profond ; et l'on peut dire de ses peintures, ce que nous avons déjà appliqué à d'autres, que si elles suffisent pour piquer la curiosité, elles n'atteignent ni l'âme ni la pensée. Pourrait-on rêver devant un Gudin comme devant un Alb. Cuyp ou un Backuysen ! Malgré ces restrictions, M. Gudin tient encore le premier rang dans ce genre qui, en France, n'a eu qu'un grand maître, Joseph Vernet.

Aux dix-sept tableaux de M. Gudin, nous ne trouvons à ajouter que la vue *du Phare de Gatteville* de M. Petit, quelques scènes historiques de M. Morel Fatio, un *Clair de lune* à la Vernet de M. Barry, et enfin quelques vues intéressantes de MM. Hyp. Garnerey et Mozin.

Portraits – Il y a six cents portraits au salon. Si nous parvenons à en distinguer huit ou dix, qui aient sous le rapport de l'art une suffisante importance, nous n'aurons pas perdu notre peine.

C'est un fait digne d'observation, que parmi le nombre immense de portraitistes de profession qui, en divers temps, en divers lieux, ont eu de la célébrité et de la vogue, et par conséquent du talent, c'est à peine si on en pourrait citer un dont le nom ait survécu, et dont les ouvrages aient conservé quelque réputation. Les exceptions à cette règle sont très rares. En France, par exemple, on se souvient de Petitot, qui, ayant porté la peinture sur émail à très haut degré de perfection a dû à cette circonstance d'une grande difficulté vaincue, autant au moins qu'à son talent, une place dans l'histoire de l'art ; de Latour, qui s'est illustré, par une circonstance analogue, dans le pastel, et enfin de Largillière et H. Rigaud. Mais ce ne sont pas là de grands noms. De nos jours nous avons assisté à l'immense fortune de Lawrence Ses portraits seront-ils recherchés dans cinquante ans ou même le sont-ils encore ? Les portraits admirés et cités partout comme des chefs-d'œuvre d'art, proviennent tous de maître illustres à d'autres titres. Ce sont ceux de Holbein, de Rubens, de Van-Dyck, de Rembrandt, de Velasquez, de Raphaël, de Titien ; et parmi les contemporains, ce sont ceux de David, de Gros, de M. Ingres. La cause de ce fait est évidente. Il est presque impossible qu'un talent d'un ordre un peu élevé puisse se circonscrire dans une sphère aussi bornée que l'art du portrait, et se soumettre aux habitudes que son exercice suppose. L'exploitation de ce genre étant ainsi, en général, forcément dévolue à la médiocrité, il est tout simple qu'il n'en sorte pas beaucoup de chefs-d'œuvre. Mais ce n'est pas tout ; même avec un génie heureux, un portraitiste de profession, ayant toujours à lutter contre l'influence incessante d'idées, d'habitudes et d'études qui lui ôtent peu à peu le sentiment pur de l'art, et l'entraînent plus ou moins vers la routine et le métier, sera toujours surpassé, même dans sa spécialité, par les peintres accoutumés à considérer la nature d'un point de vue plus élevé, sous des aspects plus variés, et exercés par des études beaucoup plus fortes à toutes les difficultés de la pratique. Ainsi, d'une part, l'art spécial du portrait ne convient qu'aux talents insuffisants ou avortés, et d'autre part sa pratique exclusive corrompt inévitablement même les talents forts ; et c'est ce qui explique ces trois choses : l'oubli profond où sont tombés presque tous les portraitistes, l'infériorité absolue et relative de leurs productions comme œuvres d'art, en enfin la supériorité marquée, sous ce même rapport, des portraits exécutés par les peintres non spéciaux.

Ces observations nous paraissent justifier surabondamment notre silence sur la presque universalité des portraits exposés au salon, et la brièveté de nos remarques sur quelques-uns.

Deux portraits méritent surtout d'être exceptés de l'anathème général, le portrait d'homme (grand salon) de M. Amaury-Duval, et le portrait de femme de M. Hyp. Flandrin. Ils se distinguent tous deux par des qualités analogues, la pureté et la correction du dessin, par l'étude soignée du modelé, par un goût simple et sévère d'ajustement, et par une exécution habile et savante. Dans le portrait d'homme ; ces qualités sont poussées très loin, et même peut-être trop loin. Le travail en est un peu apprêté et tendu, le procédé s'y fait sentir ; l'artiste veut trop prouver. Dans le portrait de femme, il y a moins de système ; la touche paraît plus libre, et plus facile, mais le modelé laisse quelque chose à désirer, il n'est que bien indiqué, plutôt que rendu. Nous ne décidons pas entre ces deux ouvrages distingués.

On a eu l'ingénieuse attention de placer M. Dubuffe à côté de M. Amaury-Duval, qui gagne ainsi tout ce que l'autre perd à la comparaison.

M. Dubuffe : nous fait songer involontairement à M. Winterhalter, quoique ce dernier eût certainement droit de se plaindre d'un rapprochement direct. Dans le portrait en pied, de madame la duchesse de Nemours, il a prodigué les lis, les roses et le fard. C'est une peinture dont la toilette n'est pas moins recherchée que celle du modèle ; elle a une sorte d'élégance et de distinction qui, sans, appartenir positivement à l'art, y suppléent. Comme composition et goût général, ce portrait est un peu dans la manière anglaise. Le magnifique satin blanc brodé de la robe est peint avec talent et surtout avec adresse. L'effet d'ensemble est gai, agréable et gracieux. C'est *Décameron*. Mais n'insistons pas ; il ne faut prendre de ces peintures que la superficie. Il faudrait appuyer plus légèrement encore sur deux ou trois portraits de femmes de M Louis Boulanger, dont la peinture est d'une ténuité et d'une volatilité telles que le plus léger souffle la ferait disparaître.

La manière de : M Chasseriau n'a pas cet inconvénient, mais elle a un autre tort ; elle est ingrate et déplaisante. Peu de femmes voudront se soumettre au procédé inhumain de dissection qu'il a fait subir à une comtesse (N° 328). Le portrait de M. Lacordaire, dans son habit de dominicain, exécuté dans un système différent, est d'un aspect moins fâcheux. Il y a de l'étude, du soin, quelque habileté d'exécution dans ces deux ouvrages, mais, en fait d'art, on ne peut tenir compte que de ce qui réussit.

Quelques portraits de M. H. Scheffer particulièrement ceux de MM. Berryer, N. Lemercier et Casimir Delavigne, ont de la vérité et de la simplicité. Ils n'ont rien d'original ni de très saillant, comme style et exécution, mais ils ont le grand mérite de se donner pour ce qu'ils sont ; ils tiennent tout ce qu'ils promettent.

On peut joindre à cette liste déjà longue, avec quelques portraits de M. Etex (J.), le portrait en pied du maréchal Soult, par M. Healy, celui de M. De Barante, par M. Court, qui a peint, aussi, comme on sait, *un roi et une reine*, et enfin, comme particulièrement remarquable par le goût du dessin, et la distinction de l'exécution, un portrait en pied de jeune femme, de M. Brémond, qui méritait une place meilleure.

Nous nous croyons dispensés de mentionner les miniatures. C'est le parti qu'il faudra adopter jusqu'à ce qu'il se soit présenté un vainqueur de Mme de Mirbel ; entreprise assez difficile, à ce qu'il paraîtrait, mais qui ne nous semble pas pourtant au-dessus les forces humaines.

On nous a invité à faire mention d'un portrait du salon carré, sous le n° 1000, et ayant pour titre : *un Octogénaire*. Nous avons vu une tête de buis jauni, travaillée avec tout le goût et la profondeur de science d'un *trompe-l'œil*. C'est là certainement une peinture inusitée, et qui dépasse toute prévision. On attribue aussi au même auteur les deux terribles *Ramoneurs* du bout de la galerie. Il en est certes bien capable ! Nous le complimentons sincèrement pour ces tableaux qui lui font beaucoup d'honneur, et qui n'honorent pas moins le jury qui les a, dit-on, admis par acclamation, le public qui les admire, et les critiques qui les analysent et en décrivent les beautés. Ce que c'est que de nous !

Dessins, gravure, lithographie, architecture, etc. — Dans l'examen de cette multitude de petits cadres qui forment comme l'arrière-garde du corps d'armée dont nous venons de faire la revue, nous nous bornerons à l'indispensable. Parmi les dessins, quelques petits portraits au pastel, de M. Etex, et surtout de M. Gérard-Seguin, nous ont paru finement touchés. Nous y avons vu une vingtaine de pots de fleurs, entre lesquelles nous ne saurions choisir, tant elles se ressemblent. Dans le genre des *aquarelles*, M. Hubert nous paraît fortement ébranlé dans son règne, si paisible jusqu'ici, par M. Callow, et surtout par M. Heroult, qui ont trouvé dans ces ingrates et dures couleurs des tons souples et fins qui approchent. de ceux de la peinture à l'huile. Les vues topographiques et stratégiques de MM. Siméon Fort et Jung, faites pour le dépôt de la guerre, sont, dans ce système tout spécial, exécutées avec beaucoup d'habileté et d'art. On y peut joindre, comme complément, les vues géologiques et minéralogiques des effrayants défilés des *Portes de fer*, coloriées et dessinées par M. Dauzats avec beaucoup de vigueur et de caractère. En *gravure*, il n'y a rien d'important ; c'est un art en décadence, qui périt sous la concurrence des moyens plus expéditifs de reproduction qu'on invente et qu'on perfectionne chaque jour, mais dont aucun pourtant ne saurait le remplacer. Les pièces les plus intéressantes sont une *Madone* dite de Raphaël, par M. Desnoyers, la *Vierge au silence*, de M. Richomme, d'après A. Carrache, et *la Vierge au candélabre*, par M. Bridoux, d'un burin un peu trop symétrique, mais traitée avec assez de morbidesse. Le travail trop mécanique de la taille dépare aussi un peu la *Madone* de M. Leroux, d'après le Pinturicchio. M. Forster a gravé avec une extrême recherche, mais avec son talent ordinaire, la *Sainte Cécile* de M. Delaroche. *Les Pêcheurs*, de Léopold Robert, gravés à la manière noire et pointillée par M. Prévost nous ont moins satisfait que ses *Moissonneurs* ; l'exécution est un peu sèche, un peu dure, et manque de couleur. On trouve aussi des traces d'une grande précipitation dans quelques estampes de M. Jazet, d'après MM. H. Vernet et Steuben.

En lithographie, nous n'avons à citer que deux morceaux : *l'OEdipe* de M. Ingres, par M. Sudre ; et comme spécimen remarquable en ce genre les *Trois Graces* de Rubens, par Mlle Feillet.

L'architecture n'est pas riche. Des restaurations dessinées et peintes dans le goût tout spécial des architectes, comme celles de M. Lenormand (église Saint-Jacques à Dieppe), de M. Lion (château d'Écouen) de M. Bourguignon, travail fort difficile, mais inutile ; quelques projets, par exemple, la rotonde du Panorama des Champs-Élysées par M. Hittorf, et une ingénieuse composition dans le style de la renaissance par M. Thierry ; voilà tout ce qu'il nous est permis de rappeler pour ne pas dépasser les bornes de notre compétence.

SCULPTURE. — L'examen des sculptures n'aura dans cet article pas plus d'étendue et d'importance que ces ouvrages n'en ont dans l'exposition même Nous y resterons aussi peu de temps que le public, qui ne fait guère que traverser cette salle déserte, décorée de quelques rares figures qui n'obtiennent qu'un regard distrait, inintelligent, indifférent. Indépendamment du peu de popularité de la statuaire en France, et du découragement que cette indifférence engendre parmi les artistes, il est évident qu'elle doit, par sa nature, ressentir, plus encore que la peinture, l'influence des causes générales de décadence indiquées au commencement de cette revue. La production n'a ici absolument plus de motif ni de but. Jamais la question :

Sera-t-il dieu, table ou cuvette ?

ne put obtenir moins de réponse. On ne sait quoi faire d'abord, et puis, quand une chose est faite, on ne sait où la mettre. M. Legendre-Héral, ayant du loisir, s'amuse à couvrir de muscles une figure de six ou huit pieds qu'il appelle *Prométhée*. Soit. Mais que veut-il que nous fassions de ce Titan ? M. Garraud imagine une *bacchante* faisant l'éducation d'un jeune satyre ; sa figure est un peu trop moulée sur nature et sur une nature plus grasse que belle ; mais, sans parler du talent, où la placera-t-il ? On n'est guère moins embarrassé s'il s'agit d'une *Odalisque* ou même d'une *Désillusion*. Mais passons sur ces difficultés et arrivons au fait.

C'est dans le petit caveau privilégié que nous trouvons heureusement réunis les seuls morceaux qui excitent quelque intérêt et offrent une prise à la critique.

L'Italie ne veut plus attendre qu'on aille la voir chez elle, elle vient cette année se faire représenter à Paris par le plus célèbre de ses artistes vivants, Bartolini, par la plus ingénieuse de ses cités, Florence. *La Nymphe Arnina* n'est qu'une figure de pure invention ; elle se distingue de loin par cette élégante physionomie d'ensemble et ce jet heureux si communs dans l'antique, si rares dans l'art moderne. Cette figure est toute dans le goût grec ; elle est d'une grâce simple qui ne résulte pas du mouvement du corps, mais de la seule disposition des lignes et de la beauté fine et délicate des forme. La nature n'y paraît consultée directement nulle part ; les mains, les bras, les pieds surtout sont d'un dessin plein de goût. Cette statue, sur laquelle on peut très bien juger Bartolini, quoiqu'il en ait fait de plus belles, n'a rien qui puisse frapper ; elle peut facilement paraître froide, car elle n'a pas d'expression déterminée, et l'artiste a moins voulu y représenter la vie que la forme. L'exécution n'offre pas non plus cette recherche détaillée du modelé qui devient nécessaire lorsqu'au lieu d'indiquer seulement les lignes : qui tracent la forme du corps on veut représenter le corps même, la chair. Examinée avec cette préoccupation, l'exécution de Bartolini semblera manquer de fini et d'étude ; mais en se mettant à son point de vue, qui était celui des Grecs, on la trouvera suffisante.

L'Odalisque de M. Pradier est conçue et exécutée précisément dans le système opposé. L'artiste s'attache de près à la nature qu'il n'abandonne jamais. Il la suit avec amour jusque dans ses caprices et même dans quelques exagérations ; il l'interprète rarement et la laisse en général parler toute seule. Aussi son exécution, ayant à se prêter à toutes les nuances ; et accidents fortuits de la réalité, à s'appliquer exactement non plus sur une forme abstraite, mais sur le corps vivant, a besoin de plus de souplesse, et, qu'on nous passe le terme, de ductilité. Nous ne jugeons pas la valeur des deux méthodes, nous cherchons seulement à les décrire.

Cette figure de M. Pradier n'a donc rien d'idéal ; c'est une imitation savante, intelligente et artistique de la réalité, rendue avec une rare habileté de ciseau. La tête est charmante, et son mouvement, un peu forcé peut-être, acquiert de la grâce dans cette exagération même. La pose n'est pas également heureuse dans tous les points de vue. De face, la cuisse et le bras allongés parallèlement dans le même sens, font, par la forte disproportion de leur volume, un effet peu satisfaisant, et la cuisse elle-même cache tout le corps. Du côté opposé, la ligne générale est pleine de grâce, mais d'une grâce plus voluptueuse que sévère. Le modelé des chairs est partout d'une morbidesse exquise, surtout dans les hanches. Elle est excessive peut-être dans la partie antérieure du tronc, où l'artiste aurait pu ôter quelque chose à la réalité.

Nous regrettons infiniment d'avoir à dire que M. Jouffroy s'est trompé. Sa *Désillusion* est une erreur de son esprit plutôt que de son talent. C'est là une conception de littérateur et non de sculpteur ; c'est du roman et non de la statuaire. Nous aurions gardé le silence sur cet ouvrage, si l'auteur de cette statue n'en avait déjà fait d'autres qui lui donnent le droit d'être traité sérieusement, et la force de supporter une critique dont la forme seule est sévère.

Le monument funéraire de Géricault par M. Etex n'offre, soit comme invention, soit comme exécution, rien qui dépasse les limites du convenable. Au salon, ce monument n'est rien ; mis en sa place, il l'occupera dignement.

Entre les figures de ronde bosse, les plus dignes d'être remarquées, sinon analysées, seraient celles de *la Vierge* par M. Mercier, qui offre des draperies d'une belle disposition, et dont plusieurs parties, les mains surtout sont d'un dessin élégant, d'un modelé savant et fin ; d'*Icare*, en bronze, par M. Grass, et un *lion* de M. Rouillard ;

entre les portraits, ce serait une tête de jeune fille par M. Valois ; parmis les bas-reliefs, les *Martyrs* du sculpteur romain *Tenerani*.

Avant de quitter la sculpture, disons encore ; une fois ce que la presse est obligée de dire chaque année. Réclamons contre l'exclusion dont un artiste est frappé depuis dix- ans. Nous ne connaissons ni l'homme, ni ses ouvrages. Tout ce que nous savons, c'est qu'il a le droit de se faire connaître au public par la voie ouverte à tous. Il a ce droit, non-seulement comme artiste, mais : encore comme citoyen Lui refuser ce droit, c'est détruire sa carrière, c'est attenter à son existence, c'est violer sa liberté. Or, nous ne sachions pas qu'en France il y ait des corps ou des individus autorisés à disposer ainsi des personnes, corps et biens, ni qu'il y ait des hommes assez forts pour porter le poids d'une telle responsabilité.

Un dernier mot sur le salon.

Nous avons vu l'état d'abaissement relatif de la statuaire et de la haute peinture historique. C'est cependant dans ces genres supérieur seuls que l'art peut arriver à son plus haut degré d'élévation et d'excellence. Les institutions protectrices et les moyens d'encouragements existants sont, à la vérité, spécialement établis et employés dans leur intérêt, et, sous ce rapport, leur direction est bonne ; mais en définitive l'organisation actuelle a pour but et pour effet d'améliorer la condition des artistes plutôt que celle de l'art. Sans doute, les causes du mal sont placées trop haut pour que les institutions les atteignent ; mais on peut, à quelque degré, en amoindrir les effets, et dès-lors il devient important de diriger les moyens de manière à leur donner toute l'efficacité possible.

Parmi les nombreuses causes secondaires de décadence de la grande peinture, une des plus actives est l'influence exagérée que ces expositions d'apparat, et si souvent renouvelées, ont donnée à l'opinion publique. Les artistes, entraînés par l'irrésistible attrait de la popularité, et voyant à quel prix on l'obtient, songent moins à bien faire qu'à réussir. Plus désireux de satisfaire le public que de se satisfaire eux-mêmes, ils négligent dans leurs œuvres tout ce qui ne va pas immédiatement à ce but. Les études sévères et profondes du dessin, et de la composition, les recherches de pratique, les travaux techniques, auxquels les anciens maîtres consacraient tant de temps et de peine, sont presque inconnus aujourd'hui.

Aussi est-on singulièrement frappé de l'infériorité marquée, même comme exécution matérielle, des peintures faites depuis trente ans, comparées à celles non-seulement des beaux temps, mais même du dernier siècle. C'est ce dont on peut s'assurer à Versailles, où les points de comparaison abondent. On ne sait plus faire un pied, une main, une tête, comme les faisaient les artistes d'autrefois ; et nous ne croyons pas qu'il existe aujourd'hui plus de deux ou trois peintres capables d'exécuter un morceau quelconque, comme Detroy, par exemple, ou ce Vanloo, dont le nom est devenu un sobriquet. L'école de David a fait un grand mal sous ce rapport ; car, avec sa préoccupation exclusive du dessin et son étude non moins exclusive de la sculpture antique, elle a mis les peintres hors de leur métier, si on veut nous permettre cette expression. En peinture cependant, le matériel est indissolublement uni à l'intellectuel, comme le moyen l'est à la fin ; négliger l'un, c'est renoncer en même temps à l'autre, et, en fait, on ne les voit jamais séparés.

L'opinion du public a sa valeur, mais régnant seule, elle est pernicieuse ; il lui faut un contre-poids. Ce contre-poids, on ne peut le trouver que dans les artistes. C'est aux artistes qu'il appartient de se juger eux-mêmes en dernier ressort, et d'exercer sur leurs propres œuvres un contrôle plus compétent. Les récompenses accordées chaque année aux exposants pourraient être utiles, si la distribution n'était pas, plus ou moins directement, dictée par le bruit public, sans compter ses autres défauts. Le rétablissement du prix décennal, convenablement modifié, pourrait satisfaire, au moins en partie, au besoin que nous indiquons. Déjà, à une autre époque, cette institution a produit d'excellents résultats ; il en est sorti les meilleurs ouvrages de l'ancienne école. Dans un concours de ce genre, où les concurrents eux-mêmes décerneraient le prix, la décision serait fondée sur des motifs tirés non du dehors, mais de l'art même ; les ouvrages couronnés ne seraient pas toujours ceux que le public a le plus applaudis mais les meilleurs dans le sens absolu, et les concurrents, ayant à se juger réciproquement, sauraient d'avance qu'ils ne pourront vaincre qu'en mettant dans leurs œuvres tout ce qu'ils exigeront certainement de celles de leurs rivaux.

Nous terminerons cet examen du salon de 1841 par cette vue, qui, mieux développée, pourrait offrir quelque intérêt.

ISBN : 978-1984254450